Dirk Hanneforth

KlassenSpiele: Vertretungsstunden

Klett | Kallmeyer

Bibliografische Information der Deutschen Nationalbibliothek
Die Deutsche Nationalbibliothek verzeichnet diese Publikation in der Deutschen Nationalbibliografie; detaillierte bibliografische Daten sind im Internet über http://dnb.d-nb.de abrufbar.

Impressum

Dirk Hanneforth
KlassenSpiele: Vertretungsstunden

1. Auflage 2013

Redaktion: Susanne Lesaar, Freiburg
Illustrationen: Hendrik Kranenberg, Drolshagen
Realisation: Marco Schreiner | Sabine Duffens
Druck: Beltz Bad Langensalza GmbH, Bad Langensalza
Printed in Germany

ISBN: 978-3-7800-4973-5

Dirk Hanneforth

KlassenSpiele: Vertretungsstunden

Klett | Kallmeyer

Inhalt

Vorspiel

Liebe Kollegin, lieber Kollege,

„es tut mir leid, aber Sie müssen den Kollegen Soundso in der dritten Stunde in der 4b vertreten! Er hat leider nichts zur Vertretung durchgegeben, aber Ihnen fällt da schon was ein."

Hören Sie auch immer mal wieder solche Sätze? Lesen Sie Ihren Namen häufiger auf dem Vertretungsplan? Natürlich ärgern wir uns über zusätzliche Arbeit. Aber das kann ja nicht alles sein. Es bringt ja auch nichts, den Ärger an den Schülerinnen und Schülern auszulassen. Also nutzen wir die Vertretungsstunden sinnvoll – spielen wir! In dieser Spielesammlung finden Sie Vorschläge, die Sie sofort umsetzen und mit denen Sie Vertretungsstunden sinnvoll nutzen können. Spielen ist immer eine gute Alternative zu einer „normalen" Schulstunde, denn hier wird gemeinsam gelacht, entspannt und viel gelernt. Hier geht es ums Gewinnen und Verlieren, um den gemeinsamen Spaß.

Sie können diese Sammlung als Buch oder Kartei nutzen. Gerade in Vertretungssituationen ist es hilfreich, die benötigten Spielregeln kurz vor Beginn der Stunde noch einmal zu überfliegen. Dafür können Sie die einzelnen Karten an der perforierten Seite aus der Sammlung heraustrennen und mit in den Unterricht nehmen. Zur späteren Aufbewahrung reicht ein Karteikasten für DIN-A5-Karten.

Ihre Anmerkungen und eigenen Spielideen können Sie gut auf weiteren Karten notieren und Ihr Material entsprechend sortieren.

Die Karten sind so aufgebaut, dass vor dem Einsatz eines Spiels ein kurzer Blick zur Orientierung ausreicht. In der obersten Zeile links sehen Sie, für welche Klassen das Spiel geeignet ist. Die Altersangaben sind mit Bedacht gewählt. Trotzdem können Sie einige Spiele in erfahrenen Spielgruppen auch schon früher einsetzen. Hier verlassen Sie sich bitte auf Ihre Spielerfahrungen. Oben rechts auf der Karte erkennen Sie mit einem Blick das Schwerpunktthema des jeweiligen Spiels.

Auf der linken Seite der Karte finden Sie kurze Hinweise zu Lernziel, Spieldauer und Spielerzahl. Die Spiele sind so ausgewählt, dass sie in jeder Schule, sei es in der Klasse oder auf dem Schulhof, gespielt werden können. Das Spielmaterial gibt es ebenfalls in jeder Schule: Schreibzeug und Papier, Karteikarten, Würfel, Softbälle, Kreide, Kissen. Für das etwas „exotischere" Material (Augenbinden, Wäscheklammern, Rommé-Spiel) lohnt es sich, eine kleine Materialsammlung anzulegen.

Im Download-Bereich zu dieser Spielesammlung finden Sie weitere Materialangebote. Zur Herstellung dieser Materialien ist ein wenig Zeit notwendig. Laminieren Sie diese Karten und Bilder, dann sind sie haltbarer, und deponieren Sie sie ebenfalls in der „Vertretungskiste". Diese Vorbereitung ist aber nicht unbedingt notwendig, in der Regel können Sie mit den hier vorgestellten Spielvorschlägen gleich losspielen.

Zu den meisten Spielvorschlägen finden Sie auf den Karten auch Varianten. Diese ergänzen die Spiele thematisch. Aber auch durch kleine Veränderungen, beispielsweise einen leicht abgewandelten Bewegungsablauf o. Ä., bekommen manche Spiele schon einen ganz anderen Dreh.

Die „KlassenSpiele: Vertretungsstunden" lassen sich gut mit den Spielen des gleichzeitig erschienenen Bands „KlassenSpiele: Wahrnehmung und Konzentration" kombinieren. Beide Bände ergänzen sich, weitere Veröffentlichungen in der Reihe „KlassenSpiele" werden folgen.

Wegen der besseren Lesbarkeit habe ich immer die männliche Form gewählt und von Spielern und Schülern geschrieben. Selbstverständlich sind damit auch immer Schülerinnen und Spielerinnen gemeint.

Ein Dank geht an Heidrun Wehn für die schulfachliche Beratung und an Susanne Lesaar für die kompetente redaktionelle Unterstützung.

Die ach so ärgerlichen Vertretungsstunden werden durch diese Sammlung sicher nicht weniger ärgerlich, aber hoffentlich sinnvoller und bestimmt spaßiger. Ich bin mir sicher, dass Sie aus manchen dieser Stunden „erholter" herauskommen, als Sie hineingegangen sind. Und ganz bestimmt können Sie diese Spielvorschläge auch in Ihrem „normalen" Unterricht einsetzen.

Ich wünsche Ihnen, Ihren Schülerinnen und Schülern dabei viel Spielspaß.

Dirk Hanneforth, im Mai 2013

Gruppenbildung

Ziel
Gruppen bilden, Schiedsrichter bestimmen

Spieldauer
jeweils wenige Minuten

Anzahl der Spieler
wird auf diese Weise ermittelt

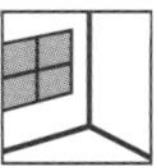

Räumliche Bedingungen
keine

Vorbereitungsaufwand
unterschiedlich

Material
verschieden (Schaumstoffwürfel, Spiel-Chips, Zettel mit Suchkriterien, Lego®-Steine, Tierfiguren, Schokolinsen)

Zu dieser Karte

Bei den in diesem Buch präsentierten Spielen ist es immer wieder mal nötig, die Schüler vorher in Gruppen aufzuteilen oder einen Schiedsrichter zu bestimmen. Wie dies spielerisch geschehen kann, zeigen die folgenden Ideen.

Gruppen bilden

Abzählen

Das ist der „Gruppenbildungsklassiker": Die Schüler stehen in einer Reihe und zählen abwechselnd von 1 bis 2, 3 oder 4, je nachdem, wie groß die Gruppe sein soll. Natürlich können Sie die Schüler bitten, sich beliebig in eine Reihe zu stellen. Wenn sie aber geordnet stehen, macht das allen Beteiligten mehr Spaß. Mögliche Ordnungskriterien können sein:

- Größe;
- Alter;
- Geburtstag (1.1. beginnt);
- Anfangsbuchstaben der Vornamen;
- Anzahl der Buchstaben im Vornamen;
- Hausnummer.

Würfeln

Die Schüler würfeln mit großen Schaumstoffwürfeln, wer zu welcher Gruppe gehört. Falls eine Gruppe bereits genügend Spieler hat, muss erneut gewürfelt werden, wenn die Zahl dieser Gruppe wieder fällt.

Chips ziehen

Die Spieler ziehen Spiel-Chips in verschiedenen Farben aus einem kleinen Beutel. Das dürfen natürlich auch Lego®-Steine, Tierfiguren oder bunte Schokolinsen sein.

Zettel ziehen

Der Lehrer bereitet Zettel vor (in der entsprechenden Gruppenanzahl und -stärke) mit:

- Familienmitgliedern (Mama, Papa, Oma, Opa ...), die sich finden müssen;
- verschiedenen Clownsgesichtern, die sich in einer Gruppe nicht wiederholen dürfen;
- Gesten (winken, Nase anfassen, Ohren zuhalten, klatschen ...). Alle gehen durch die Klasse und führen dabei die Geste auf ihrem Zettel so lange aus, bis sie ihre Partner mit der gleichen Geste gefunden haben;
- verschiedenen Tieren. Die Schüler geben die entsprechenden Laute von sich und finden sich so zu Gruppen;
- einzelnen Stücken von Vierer- oder Sechserpuzzles (zerschnittene Bilder oder Postkarten). Die Schüler setzen „ihr" Puzzle zusammen und haben so ihre Gruppe gefunden;
- ähnlich lautenden Namen (Leier, Geier, Meier, Reiher, Feier ...). Die Schüler rufen auf ein Startsignal hin laut ihren Namen und suchen ihre Gruppe.

Einen Schiedsrichter bestimmen

Immer mal wieder benötigen Sie einen Schiedsrichter. Hier einige Vorschläge zur Auswahl. Schiedsrichter wird:

- das Geburtstagskind;
- der Jüngste / Älteste;
- der Kleinste / Größte;
- der mit dem kürzesten / längsten Namen;
- der mit den längsten Haaren;
- der mit dem kürzesten / längsten Schulweg;
- der mit den meisten Haustieren;
- wer am längsten singen kann, ohne zu atmen;
- wer die meisten Schlüssel bei sich hat;
- wer zuletzt Pommes frites gegessen hat;
- wer zuletzt im Kino war;
- der mit den meisten Geschwistern.

Natürlich können Sie die Schüler den Schiedsrichter auch wählen lassen oder Sie übernehmen selbst diese Aufgabe.

Mitgemacht

Ziel

Bewegungsfähigkeit und Reaktionsvermögen fördern

Spieldauer

5–10 Minuten

Anzahl der Spieler

beliebig

Räumliche Bedingungen

viel Platz;
kann auch draußen gespielt werden

Vorbereitungsaufwand

fast keiner

Material

Musik (CD-Player)

Zum Spiel

Die Spieler befolgen wechselnde Bewegungsanweisungen des Lehrers.

Spielverlauf

Tische und Stühle werden an den Rand des Raums gestellt. Aus dem CD-Player ertönt flotte, rhythmische Musik.
Die Schüler bewegen sich zur Musik frei im Raum. Der Lehrer drückt die Pausen-Taste des CD-Players und gibt eine Anweisung, die alle ausführen müssen. Nach einer kurzen Zeit wird die Musik wieder angestellt und die Schüler bewegen sich erneut frei im Raum. Der Lehrer macht natürlich mit. Mögliche Anweisungen können sein:

Den Tag anfangen

- „Schüttelt jedem im Raum so schnell wie möglich die Hand."
- „Alle, die nichts zu essen mitgebracht haben, gehen nach links, die zuviel mitgebracht haben, nach rechts, und die anderen in die Mitte. (Die zuviel dabei haben, können ja den anderen etwas abgeben.)"

- „Wünsche jedem anderen einen ‚Guten Morgen'! Gern auch in einer anderen Sprache."
- „Alle mit guter Laune stellen sich auf die rechte Seite, alle mit schlechter Laune auf die linke." (Kurz die Gründe für die schlechte Laune austauschen.)

Bewegen

- „Eine Runde hüpfen auf einem Bein! Erst rechts, dann links."
- „Eine Runde kriechen auf allen Vieren!"
- „Alle zeigen auf etwas Rotes (Durchsichtiges, Kariertes, aus Holz) im Raum."
- „Alle machen eine schreckliche Grimasse."
- „Einen Kreis bilden, bis ‚drei' abzählen, dann wieder bewegen. Bei ‚zwei' sinken alle Spieler mit der ‚Zwei' langsam zu Boden, die anderen müssen sie auffangen."
- „Alle beim nächsten Musikstopp regungslos stehen bleiben."

Inhaltliches

- „Trefft euch in Dreiergruppen und tauscht euch kurz zu einem vorgegebenen Thema aus."
- „Sage einem Mitspieler, was du besonders an ihm magst."
- „Überlege dir eine neue Aufgabe für ‚Mitgemacht'."

Und zum Schluss

„Beim nächsten Musikstopp Tische und Stühle wieder an die richtigen Plätze stellen."

Differenzierung

„Mitgemacht" kann auch draußen gespielt werden. Dann fallen einige Aufgaben weg (z.B. auf allen Vieren kriechen), andere bieten sich gerade für Spiele auf dem Schulhof an:

- „Eine Runde um den Schulhof laufen."
- „Schnell einen Baum anfassen."
- „Eine Runde rückwärts laufen."
- „Bewege dich wie ein Roboter."

Tipps

Natürlich kann auch ein Schüler die Rolle des Spielleiters übernehmen. Dann darf er sich vor dem Spiel einige Aufgaben überlegen und notieren, damit er beim Musikstopp nicht zu lange grübeln muss.
„Mitgemacht" kann auch während einer Hofpause mit vielen Klassen gleichzeitig gespielt werden.

Atomspiel

Ziel
Bewegungsfähigkeit und Reaktionsvermögen fördern

Spieldauer
5–15 Minuten

Anzahl der Spieler
beliebig viele

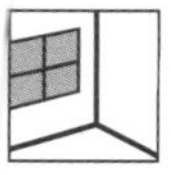

Räumliche Bedingungen
viel Platz;
kann gut auch draußen gespielt werden

Vorbereitungsaufwand
keiner

Material
keines;
für die Variante: Musik (CD-Player)

Zum Spiel
Die Spieler bewegen sich frei im Raum. Auf ein Signal des Spielleiters finden sich alle zu Gruppen zusammen. Wer keine Gruppe findet, scheidet aus.

Spielverlauf
Tische und Stühle werden an den Rand des Raumes gestellt oder Sie spielen gleich auf dem Schulhof. Ein Schüler wird zum Spielleiter ernannt.
Die Spieler bewegen sich als Atome langsam im Raum oder auf dem Schulhof. Nach einer jeweils unterschiedlich langen Zeit ruft der Spielleiter „Atom 3" oder „Atom 5" und die Spieler müssen sich ganz schnell zu Dreier- bzw. Fünfergruppen (Molekülen) zusammenfinden. Wer keine Gruppe findet und übrig bleibt, scheidet aus. Danach bewegen sich die Atome wieder allein weiter im Raum. Der Spielleiter wechselt häufig die Atomzahlen. Das Spiel ist beendet, wenn nur noch zwei Spieler übrig geblieben sind.
In der nächsten Runde versuchen alle, die Gewinner der Vorrunde möglichst schnell auszuschließen, damit es neue Gewinner gibt.
Es ist verboten, andere Spieler dauernd festzuhalten.

Differenzierungen

Die Schüler können sich auch zu Musik im Raum bewegen. Dann drückt der Spielleiter nach einiger Zeit auf die Pausentaste des CD-Players und ruft seine Atomzahl aus.
Die Atomzahlen können für ältere Schüler auch in einer Fremdsprache ausgerufen werden.
Viel schwieriger wird das Spiel, wenn sich die Spieler mit geschlossenen Augen zu Molekülen zusammenfinden sollen.

Varianten

Das Atomspiel kann auch mit besonderen Aufgaben für die Gruppen verbunden werden. Der Spielleiter muss die Aufgabe laut benennen. Wenn es also z. B. „3 Spieler, 4 Beine, 3 Hände" heißt, müssen sich zuerst Gruppen aus je drei Spielern bilden, die anschließend mit genau vier Beinen und drei Händen den Boden berühren.

Weitere akrobatische Aufgaben
(nach Schwierigkeitsgrad geordnet)

- 2 Spieler, 2 Füße, 2 Hände;
- 3 Spieler, 3 Füße, 5 Hände;
- 4 Spieler, 4 Füße, 5 Ellbogen, 6 Hände;

- 2 Spieler, 4 Knie, 2 Ellbogen, 2 Hände;
- 3 Spieler, 3 Füße, 5 Hände;
- 4 Spieler, 5 Füße, 2 Ellbogen, 2 Hände;

- 3 Spieler, 3 Knie, 3 Füße, 3 Ellbogen, 3 Hände;
- 4 Spieler, 4 Füße, 3 Ellbogen, 3 Hände;
- 5 Spieler, 8 Füße, 3 Ellbogen, 4 Hände.

Inhaltliche Aufgaben

- 2 Spieler, in deren Vornamen der gleiche Buchstabe vorkommt;
- 3 Spieler, die etwas Rotes, Grünes, Weißes tragen;
- 4 Spieler, die schon mal in demselben Land Urlaub gemacht haben.

Blinzeln

Ziel
Wahrnehmung, Reaktionsvermögen und Schnelligkeit fördern

Spieldauer
10 Minuten und viel länger

Anzahl der Spieler
beliebig viele

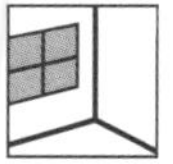

Räumliche Bedingungen
viel Platz

Vorbereitungsaufwand
fast keiner

Material
Stühle

Zum Spiel

Die Hälfte der Spieler sitzt im Kreis, die andere steht dahinter. Ein Platz bleibt leer. Der hinter diesem stehende Spieler versucht, einen sitzenden Mitspieler dorthin zu locken.

Spielverlauf

Ein immer wieder spannender (Spiele-)Klassiker! Für die Hälfte der Spieler werden Stühle benötigt, die im Kreis stehen. Ein Stuhl bleibt frei, auf den anderen Stühlen sitzen die Spieler. Hinter jedem Stuhl, also auch hinter dem leeren Platz, steht ein Spieler. Wenn es eine gerade Anzahl von Schülern in der Klasse gibt, spielt der Lehrer mit.
Der Spieler, der vor dem leeren Stuhl steht, versucht, einen der sitzenden Schüler auf seinen Platz zu locken. Er darf dabei aber nicht sprechen, sondern er blinzelt möglichst unauffällig einem Schüler zu. Dieser Spieler versucht, seinem Bewacher zu entkommen und sich auf den freien Platz zu setzen.
Die Schüler im Kreis lehnen sich an ihre Stühle. Die stehenden Spieler bewachen die sitzenden, halten aber ihre eigenen Hände hinter dem Rücken.

Erst, wenn ein Spieler versucht, seinen Platz zu verlassen, darf der Bewacher schnell die Hände nach vorn nehmen und „seinen" Spieler an der Schulter festhalten.
Kann der Bewacher den Spieler festhalten, versucht der Schüler mit dem freien Stuhl vor sich erneut sein Glück und blinzelt einem anderen zu. Gelingt es diesem Spieler, den freien Platz einzunehmen, gibt es einen neuen Blinzler.
Nach etwa 10 bis 15 Minuten wechseln die stehenden und die sitzenden Spieler ihre Positionen. Im Kreis muss aber immer ein Stuhl frei bleiben.
Gewinner gibt es bei „Blinzeln" nicht. Es ist ein Spiel, das einfach nur Spaß macht.

Differenzierung

Wenn weniger als 15 Schüler in einer Gruppe mitspielen, setzen sich alle in den Kreis. Ein zusätzlicher Stuhl bleibt frei. Jetzt muss der Spieler, dessen rechter Platz leer ist, versuchen, einen anderen Spieler zu sich zu locken. Dabei wird wieder geblinzelt.
Jeder Spieler passt auf seinen rechten Nachbarn auf. Wird dieser angeblinzelt, muss der Spieler ihm schnell die Hand auf die Schulter legen. Auch in dieser Variante halten alle Spieler ihre Hände auf dem Rücken.

Der Lehrer sollte immer mal wieder kurz das Spiel unterbrechen, um darauf zu achten, dass alle Stühle eng nebeneinander stehen.

Tipp

In manchen (aber wirklich seltenen) Fällen kommt es vor, dass die stehenden Spieler zu grob zufassen. Hier sollte der Lehrer sofort auf das Fehlverhalten hinweisen. Auch das Ziehen an der Kleidung eines Mitspielers ist natürlich nicht erlaubt.

Erbsenkönig

Ziel
Sprachvermögen und Konzentration fördern

Spieldauer
10 Minuten

Anzahl der Spieler
beliebig viele

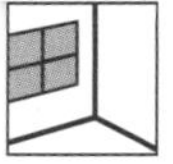

Räumliche Bedingungen
keine; kann auch draußen gespielt werden

Vorbereitungsaufwand
keiner

Material
5 Erbsen (oder Büroklammern, Spiel-Chips, Streichhölzer) pro Spieler

Zum Spiel

Die Spieler laufen im Raum herum und stellen sich gegenseitig Fragen. Bei den Antworten dürfen bestimmte Wörter nicht verwendet werden.

Spielverlauf

Tische und Stühle werden an den Rand des Raums gestellt. Die Spieler sollten sich so im Raum bewegen können, dass sie nirgendwo anstoßen.

Jeder Spieler erhält fünf kleine Gegenstände. Erbsen eigenen sich besonders gut dafür und haben dem Spiel seinen Namen gegeben. Aber auch andere Materialien, wie z. B. 1-Cent-Münzen, Streichhölzer, Spiel-Chips oder Büroklammern, können eingesetzt werden.

Alle Schüler bewegen sich frei im Raum. Wenn sie einen anderen Schüler treffen, führen sie ein kurzes Gespräch mit ihm.

Dabei versuchen sie, die Fragen so zu stellen, dass der jeweilige Gesprächspartner sie mit „Ja" oder „Nein" beantwortet. Die Antworten „Ja" und „Nein" (auch „Nee", „Yes", „No" oder „Evet") sind nämlich verboten.

Es entwickeln sich dann merkwürdige Dialoge:
„Hast du heute Morgen schon gefrühstückt?" – „Heute habe ich nur Müsli gegessen."
„Heißt deine Schwester wirklich Larissa?" – „Da kann ich mich jetzt nicht daran erinnern."
„Wir haben doch in der nächsten Stunde Mathe oder?" – „Nein, wir haben Sport." – Ups, reingefallen.
Erwischt jemand seinen Mitspieler bei einem Fehler, erhält er eine Erbse von ihm.
Nach spätestens drei Fragen sollten die Gesprächspartner gewechselt werden. Wer keine Erbse mehr besitzt, scheidet aus. Der erfolgreichste Spieler wird Erbsenkönig.

Tipp

Wenn „Erbsenkönig" draußen gespielt wird, sollte der Lehrer oder ein Schüler darauf achten, dass wirklich alle Spieler sich an den Gesprächen beteiligen und sich nicht einige unbeteiligt am Spielrand herumdrücken.

Differenzierungen

Das Spiel wird schwieriger, wenn außer „Ja" und „Nein" auch „aber" und „ein" verboten sind.
Älteren Spielern können Sie in einer Zusatzregel alle Wörter mit mehreren Silben verbieten. Jetzt wird es echt einsilbig.

Variante „Quatschkönig"

An das einsilbige „Erbsenkönig" kann sich eine Runde „Quatschkönig" anschließen, bei dem es um das genaue Gegenteil geht: quatschen ohne Ende.
Je zwei Schüler bilden ein Paar. Beide erzählen ihrem Partner gleichzeitig etwas. Dabei kommt es nicht auf den Inhalt an. Sie dürfen aber keine Pause einlegen, sondern reden ununterbrochen weiter. Nur Atempausen sind erlaubt. Wer nichts mehr zu erzählen hat, scheidet aus.

Tipp

Im Anschluss an die Spielrunde können sich die Spieler darüber austauschen, wie es ist, andere niederzureden bzw. von ihnen dauerhaft bequatscht zu werden.

Heißer Sand

Ziel
Wahrnehmung, Bewegungsfähigkeit, Konzentration und abstraktes Denken fördern

Spieldauer
10 Minuten

Anzahl der Spieler
beliebig viele

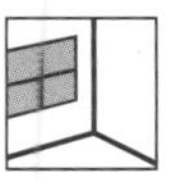

Räumliche Bedingungen
viel Platz;
kann auch draußen gespielt werden

Vorbereitungsaufwand
10 Minuten

Material 
Kärtchen

Zum Spiel
Die Spieler ziehen eine Karte, die ihnen eine Vorgabe macht, wie sie sich im Raum bewegen sollen. Gleichzeitig suchen alle Spieler den Partner, der die gleiche Vorgabe erhalten hat.

Spielverlauf
Notieren Sie bei der Vorbereitung die Beschaffenheiten von Böden auf Karteikärtchen (vgl. Materialangebot im Download-Bereich). Unsere Vorschläge:

- heißer Sand;
- Matsch;
- spitze Steine;
- Moos;
- Stoppelfeld;
- Wasser;
- Wiese mit Tau;
- Disteln;
- Schnee;
- Herbstlaub;
- Teppichboden;
- glühende Kohle usw.

Jede Karte sollte zwei- bis viermal im Spiel sein. Stellen Sie Tische und Stühle an den Rand des Raumes oder spielen Sie gleich auf dem Schulhof.
Die Spieler ziehen verdeckt eine Karte und stellen sich vor, den Boden, den die Karte benennt, mit bloßen Füßen zu betreten. Dann laufen sie mit entsprechender Mimik, Gestik und Körperhaltung durch den Raum und suchen gleichzeitig ihre Partner, also Spieler, die die gleiche Karte gezogen haben. Diese Partner erkennen sie an deren Bewegungen.
Erst, wenn sich alle Paare, Dreier- oder Vierergruppen gefunden haben, dürfen die Karten aufgedeckt werden.

Variante „Paare suchen"

Diese Variante entspricht in ihren Regeln einem bekannten Legespiel, bei dem das Erinnerungsvermögen der Spieler gefragt ist.
Zwei Schüler spielen gegeneinander. Die restlichen Spieler sitzen auf Stühlen. Dabei sollten die Stühle so gestellt sein, dass jeder Schüler aufstehen und um seinen Stuhl herumgehen kann. Sie benötigen also viel Platz. Jeder Spieler erhält eine Karte. Jede Karte ist doppelt vorhanden.
Celine und Firat spielen gegeneinander und suchen möglichst viele Paare. Celine beginnt und nennt laut einen Namen, z. B. „Stefan". Auf Stefans Karte steht „Schnee", also steht er auf und bewegt sich so um seinen Stuhl, als ob er mit bloßen Füßen durch Schnee laufen würde. Danach setzt er sich wieder.
Celine darf eine zweite Person aufrufen. Jetzt läuft Elif so um ihren Stuhl, als ob sie Herbstlaub unter den Füßen hätte. Pech für Celine, die beiden Bewegungen passen nicht zueinander, Firat ist an der Reihe.
Firat hat Glück. Er ruft Patrick auf, der sich so bewegt, als laufe er durch Schnee. Wenn sich Firat nun noch an Stefan erinnert, der ebenfalls durch Schnee gelaufen ist, ruft er ihn auf.
Sobald zwei Spieler die gleiche Bewegung gemacht haben, stehen sie auf und gehen zu dem Spieler, der sie aufgerufen hat. Stefan und Patrick dürfen nun Firat beraten. Weil Firat ein Paar gefunden hat, darf er nacheinander zwei weitere Spieler aufrufen. Findet er kein Paar, ist Celine wieder an der Reihe.
Wenn alle Paare gefunden sind, hat die Gruppe gewonnen, zu der mehr Spieler gehören.

Kissenball

Ziel
Reaktionsvermögen, Schnelligkeit und Konzentration fördern

Spieldauer
10 Minuten

Anzahl der Spieler
beliebig viele

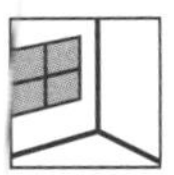

Räumliche Bedingungen
viel Platz;
kann auch draußen gespielt werden

Vorbereitungsaufwand
keiner

Material
2 oder 3 Kissen

Zum Spiel
Zwei Kissen werden im Kreis herumgegeben. Dabei soll das eigene Kissen so schnell weitergereicht werden, dass es das andere Kissen überholt.

Spielverlauf
Die Spieler stehen im Kreis. Es wird reihum abgezählt: 1, 2, 1, 2 usw. Wenn es eine ungerade Anzahl von Schülern gibt, spielt der Lehrer mit.
Ein Schüler aus der Gruppe 1 erhält ein Kissen. Das zweite Kissen bekommt der Spieler aus der Gruppe 2, der ihm im Kreis genau gegenübersteht.
Auf ein Kommando hin geben die Spieler die Kissen nach rechts weiter. Die Kissen werden dabei immer nur in der eigenen Gruppe weitergereicht. Jeder Spieler bekommt also das Kissen von dem Spieler, der zwei Plätze links neben ihm steht, und gibt es zwei Plätze nach rechts weiter.
Es gewinnt die Gruppe, deren Kissen das Kissen der anderen Gruppe überholt. In der nächsten Runde werden die Kissen nach links weiter gegeben.

Tipp

Der Lehrer sollte darauf achten, dass sich die Spieler nicht gegenseitig im Weg stehen und so die gegnerische Mannschaft nicht „unabsichtlich" blockieren.

Differenzierungen

Sitzkreis

Kissenball kann auch im Sitzen gespielt werden.

Großgruppe

Bei mehr als 30 Schülern kann mit drei Gruppen und drei Kissen gespielt werden.

Ausscheidungsspiel

Sie können Kissenball auch als Ausscheidungsspiel durchführen. Dann scheidet der Spieler aus, bei dem ein Kissen das andere einholt. Da die Gruppen gleich groß sein müssen, scheidet immer auch der rechte Nachbar dieses Spielers aus. Das Spiel läuft so lange weiter, bis nur noch sechs Schüler im Kreis dabei sind.

Blinder Ball

Innerhalb jeder Mannschaft wird noch einmal reihum mit 1, 2, 1, 2 … abgezählt. Jeder zweite Spieler in der Mannschaft muss nun die Augen schließen und blind spielen. Da er nicht sehen kann, ob gerade das Kissen der eigenen Mannschaft oder das der gegnerischen Gruppe in seiner Nähe herumgereicht wird, muss er sich vollständig auf die Zurufe seiner Gruppenmitglieder einstellen und verlassen. Der Spielleiter achtet in dieser Variante verstärkt darauf, dass sehende Schüler die „blinden" nicht behindern.

Handicaps

Sie können vor Spielbeginn auch Handicaps vereinbaren, die das Spiel noch spannender machen:

- Rutscht einem Kind das Kissen aus der Hand, scheidet es für diese Runde aus.
- Die Kissen dürfen nur hinter dem Rücken weitergegeben werden.
- Die Spieler dürfen während des Spiels nicht reden. Diese Variante ist besonders schwierig, da Kissenball in der Regel durch Anfeuerungsrufe begleitet wird. (Natürlich funktioniert die Variante „Blinder Ball" mit diesem Handicap nicht.)

Klopfkönig(in)

Ziel
Wahrnehmung und Konzentration fördern

Spieldauer
10 Minuten

Anzahl der Spieler
beliebig viele

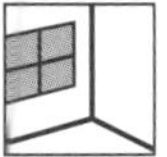

Räumliche Bedingungen
Sitzkreis

Vorbereitungsaufwand
keiner

Material
keines

Zum Spiel

Die Spieler sitzen im Kreis, ihre Hände liegen auf den Oberschenkeln der Mitspieler. Es gilt, in der richtigen Reihenfolge mit der Hand auf die Oberschenkel zu klopfen.

Spielverlauf

„Klopfkönig(in)" sollte nur gespielt werden, wenn alle Schüler eine lange Hose tragen.
Die Schüler sitzen im Stuhlkreis. Jeder legt seine rechte Hand auf den linken Oberschenkel seines rechten Nachbarn und seine linke Hand auf den rechten Oberschenkel seines linken Nachbarn. Auf den Oberschenkeln jedes Spielers liegen also zwei fremde Hände. Es wird gegen den Uhrzeigersinn geklopft.
Ein Schüler beginnt und klopft mit seiner rechten Hand leicht auf den linken Oberschenkel seines rechten Nachbarn. Dann klopft die Hand, die rechts folgt, also auf dem rechten Oberschenkel liegt. So geht es reihum weiter.
Ein Beispiel: Jessica, David, Vanessa und Maurice sitzen nebeneinander. Jessica beginnt und klopft mit ihrer rechten Hand auf Davids linken Oberschenkel.

Dann klopft Vanessa mit ihrer linken Hand auf Davids rechten Oberschenkel. Danach folgt David mit seiner rechten und Maurice mit seiner linken Hand.
Keine Angst, „Klopfkönig(in)" ist viel einfacher zu spielen als zu beschreiben. Einfach losspielen!

Variante

Im Originalspiel klopft man also einmal leicht mit der Hand und dann geht es reihum weiter. Aber es wird noch schwieriger. Ein Spieler darf nämlich auch zweimal hintereinander klopfen. Das ist das Signal dafür, dass die Richtung gewechselt werden muss. Wenn vorher rechts herum geklopft wurde, geht es danach links herum weiter.
Ein oder zwei Runden lang wird geübt, dann geht es „zur Sache". Wer jetzt einen Fehler macht und falsch oder gar nicht klopft, muss die betreffende Hand aus dem Spiel nehmen und hinter seinen Rücken halten. So entstehen Lücken, die überbrückt werden müssen, egal, wie groß sie sind. Wer allerdings auch mit der zweiten Hand einen Fehler macht, scheidet aus.
Die letzten beiden Spieler, die übrigbleiben, werden Klopfköniginnen oder Klopfkönige.

Tipp

Der Lehrer muss darauf achten, dass wirklich nur leicht geklopft und nicht geschlagen wird.
„Klopfkönig(in)" ist ein Spiel, bei dem der Lehrer unbedingt mitspielen sollte. Sie werden sehen, wie leicht auch Sie Hände und Knie sowie rechts und links verwechseln.

Kreisball

Ziel
Bewegungsfähigkeit und Reaktionsvermögen fördern

Spieldauer
10 Minuten

Anzahl der Spieler
beliebig viele

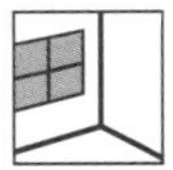

Räumliche Bedingungen
viel Platz;
kann auch draußen gespielt werden

Vorbereitungsaufwand
fast keiner

Material
1 Softball

Zum Spiel
Die Spieler stehen im Kreis und versuchen, einen Ball durch die Beine der Mitspieler zu rollen. Wer einen Ball durchlässt, scheidet aus.

Spielverlauf
Tische und Stühle werden an den Rand des Raumes gestellt. Wenn das Wetter es zulässt, kann Kreisball auch gut draußen gespielt werden.
Die Spieler stehen im Kreis und halten dabei die Beine gespreizt. Jeder berührt mit seinen Füßen die Füße des Nachbarn.
Der Softball darf nur mit den Händen gerollt werden. Die Spieler versuchen, den Ball durch die Beine eines anderen Schülers zu rollen. Natürlich ist jeder bemüht, dies zu verhindern, indem er den Ball mit den Händen, nicht aber mit den Beinen abwehrt. Die Knie sollen dabei nicht gebeugt werden. Gelingt es einem Schüler, den Ball durch die Beine eines Mitspielers zu rollen, muss sich dieser Schüler umdrehen. Er steht also mit dem Rücken zum Kreis, die Beine sind weiter gespreizt. Rollt der Ball ein zweites Mal durch die Beine dieses Spielers, scheidet er aus und schaut von außen zu.

Die übrig gebliebenen Spieler rücken im Kreis enger zusammen.
Das Spiel wird beendet, wenn nur noch drei Kinder im Kreis stehen. Sie haben gemeinsam gewonnen.

Tipp

Das Spiel wird schneller, wenn drei oder vier Schüler als Balljungen außerhalb des Kreises stehen und den Ball zurück in den Kreis werfen, falls er weggerollt ist. Sie spielen selbst nicht mit.

Varianten

Kreisball von außen

Die Spieler stehen weiter mit gespreizten Beinen im Kreis. Die Füße berühren sich.
Der Spielleiter versucht, von außen den Ball durch die Beine der Schüler zu rollen. Es ist nicht erlaubt, dabei den Ball zu schießen. Die Kreisspieler dürfen den Ball nur mit den Händen abwehren. Gelingt es dem Spielleiter, den Ball durch die gespreizten Beine eines Schülers in den Kreis zu rollen, nimmt er den Platz dieses Schülers ein. Der Schüler versucht nun seinerseits, den Ball von außen in den Kreis zu rollen.

Kreisball von innen

Diesmal steht der Spielleiter in der Kreismitte und versucht, den Ball von innen nach außen durch die Beine der Mitspieler zu rollen. In dieser Variante dürfen die Spieler im Kreis den Ball nur abwehren, indem sie die Beine zusammenschlagen. Der Gebrauch der Hände ist genauso verboten wie das Schießen des Balls mit dem Fuß. Wer den Ball durchlässt, wechselt in die Kreismitte. Wenn ein Spieler fälschlicherweise die Beine zusammenschlägt, muss er ebenfalls in die Kreismitte.

Ausscheidungsspiel

Sie können diese beiden Varianten auch als Ausscheidungsspiele durchführen. Dann scheidet immer der Spieler aus, der den Ball durchlässt oder die Beine zum falschen Zeitpunkt zusammenschlägt.

Doppelter Kreisball

Alle Varianten können auch mit zwei Bällen gespielt werden. Dann wird Kreisball deutlich schneller und schwieriger.

Lückenlos

Ziel
Bewegungsfähigkeit und Reaktionsvermögen fördern

Spieldauer
10 Minuten

Anzahl der Spieler
beliebig viele

Räumliche Bedingungen
Sitzkreis

Vorbereitungsaufwand
fast keiner

Material
Stühle, für die Variante außerdem:
1 Skatblatt

Zum Spiel

Die Spieler sitzen im Kreis, ein Stuhl bleibt frei. Ein Spieler will sich auf diesen Stuhl setzen, die anderen versuchen, das zu verhindern.

Spielverlauf

Die Spieler sitzen in einem großen Kreis. Wichtig ist, dass die Stühle eng nebeneinanderstehen und im Spielverlauf auch immer wieder zusammengerückt werden. Ein Spieler steht in der Kreismitte, sein Stuhl bleibt leer. Der Spieler in der Kreismitte versucht, sich auf den freien Stuhl zu setzen. Die anderen Schüler verhindern dies, indem sie sofort auf den freien Stuhl weiterrücken. Die Lücke sollte dann schon geschlossen sein, wenn der Kreisspieler dort ankommt.
Schafft es der Kreisspieler, den freien Stuhl zu besetzen, wird sein linker Nachbar zum neuen Kreisspieler.

Differenzierung

Das Spiel wird schwieriger, wenn der Kreisspieler durch die lauten (!) Kommandos „rechts" oder „links" die Bewegungsrichtung der sitzenden Spieler verändern darf.

Nach dem Kommando „links" besetzen die Spieler jeweils den freien linken Stuhl. Auch ein schnelles Wechseln der Kommandos ist erlaubt.

Variante „Stapelei"

In dieser Variante sitzen alle Schüler im Kreis, der freie Stuhl wird nicht benötigt. Der Spielleiter lässt alle Spieler aus einem Skatblatt eine Karte ziehen. Wichtig ist dabei nur das Symbol der Karte. Die Spieler müssen sich also merken, ob sie eine Herz-, Kreuz-, Pik- oder Karo-Karte gezogen haben. Außerdem müssen die Schüler im Spielverlauf noch wissen, wo sie zu Spielbeginn gesessen haben. Dazu legen sie unter ihren Stuhl einen persönlichen Gegenstand, wie z. B. ihre Butterbrotdose oder ein Heft. Der Spielleiter sammelt die Karten wieder ein und mischt sie in einem Stapel.
Nacheinander deckt der Spielleiter eine Karte auf und nennt deren Symbol. Zieht der Spielleiter z. B. eine Pik-Karte, dürfen alle Pik-Spieler um einen Platz nach rechts rücken. Sitzt dort schon ein Spieler, setzt sich der Pik-Spieler auf dessen Schoß. Im Spielverlauf kann es natürlich auch vorkommen, dass sich ein Spieler auf den Schoß des Pik-Spielers setzt. Der Spieler, der unten sitzt, darf sich nicht weitersetzen, wenn sein Kartensymbol gezogen wird. Er ist blockiert. Falls alle Karten vom Stapel gezogen sind, werden die aufgedeckten Karten neu gemischt.
Es gewinnt der Spieler, der zuerst wieder auf seinem Platz sitzt. Es ist möglich, dass mehrere Spieler gleichzeitig ihre Sitzplätze erreichen. Diese Spieler gewinnen dann auch gemeinsam.

Tipp

Achten Sie bitten darauf, dass ein großer Kreis gebildet wird und die Stühle nicht zu eng aneinander stehen, damit alle Spieler genügend Platz haben.

Ritter und Prinzessin

Ziel
Bewegungsfähigkeit, Reaktionsvermögen und Schnelligkeit fördern

Spieldauer
10 Minuten

Anzahl der Spieler
beliebig viele

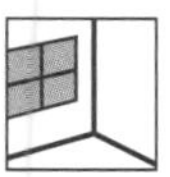

Räumliche Bedingungen
viel Platz im Raum oder auch draußen

Vorbereitungsaufwand
fast keiner

Material
1 Softball, für die Variante:
3 oder 6 Softbälle und farbige Kreide

Zum Spiel
Die Gruppe steht im Kreis. Zwei Spieler, die Prinzessin und der Ritter, bewegen sich innerhalb des Kreises. Die Gruppe versucht, die Prinzessin mit dem Ball zu treffen, der Ritter will dies verhindern.

Spielverlauf
Tische und Stühle werden an den Rand des Raumes gestellt, oder besser: Sie spielen auf dem Schulhof.
Ein Spieler wird zur Prinzessin ernannt, ein anderer wird Ritter. Die restlichen Spieler sind Knappen und bilden einen großen Kreis, den Burghof. Prinzessin und Ritter halten sich im Burghof auf.
Die Knappen sind der Prinzessin nicht wohlgesonnen und wollen sie mit dem Softball abwerfen. Dazu werfen sie einander den Ball zu, um ihn im passenden Augenblick auf die Prinzessin zu werfen. Der Ritter versucht, dies zu verhindern. Er stellt sich vor die Prinzessin und wehrt die Bälle ab.
Wird die Prinzessin trotzdem getroffen, wird der Ritter zur neuen Prinzessin. Die Prinzessin ist nun Knappe und stellt sich zu den anderen in den Burghof. Der Knappe, der die Prinzessin getroffen hat, spielt den Ritter.

Variante „Burgenball“

„Burgenball“ sollte auf dem Schulhof gespielt werden.

Vorbereitung

Die Klasse wird in drei gleich große Mannschaften (Burgbesatzungen) geteilt. Jede Burgbesatzung malt mit bunter Kreide kreisförmig eine eigene Burg auf dem Boden auf. Wo sich diese Burg befinden soll, entscheidet die Gruppe. Die Spieler sollten genau wissen, wer zu ihrer Mannschaft gehört.

Abwerfen

Die drei Burgbesatzungen spielen gegeneinander. Die Spieler einer Mannschaft werfen sich gegenseitig die Bälle zu und versuchen dabei, Mitglieder der anderen Burgbesatzungen zu treffen. Wird ein Spieler getroffen, muss er zurück in die eigene Burg und dort seine Verletzungen pflegen. Erst, wenn er seinerseits einen Spieler einer anderen Burgbesatzung abwerfen kann, ist er genesen und darf wieder aufs Spielfeld. Die Spieler auf dem Feld versuchen also, den eigenen Burgbesatzungen die Bälle so geschickt zuzuwerfen, dass diese sie fangen können.
Es gewinnt die Mannschaft, die alle anderen Spieler in die eigenen Burgen vertreiben konnte.

Differenzierungen

Sie können „Burgenball“ auch „auf Zeit“ spielen. Dann gewinnt die Burgbesatzung, die am Ende einer bestimmten Zeitspanne die wenigsten Spieler in der eigenen Burg hat.
„Burgenball“ wird noch schneller, wenn jede Gruppe zwei Burgen besitzt. In diesem Fall benötigen Sie zwei Softbälle pro Burgbesatzung.

Tipps

Sie sollten darauf achten, dass das Spielfeld nicht zu groß ist. Je nach Ihren örtlichen Gegebenheiten empfiehlt es sich, einen Teil des Geländes mit farbiger Kreide zu sperren.
Wichtig ist, dass wirklich nur mit Softbällen gespielt wird. Bei anderen Bällen besteht eine zu hohe Verletzungsgefahr.

Dirigent

Ziel
Wahrnehmungsfähigkeit und Konzentration fördern

Spieldauer
10 Minuten

Anzahl der Spieler
beliebig viele

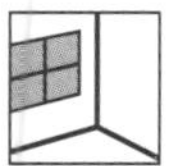

Räumliche Bedingungen
Stuhlkreis

Vorbereitungsaufwand
keiner

Material
keines, für die Variante: Augenbinde

Zum Spiel
Der Dirigent spielt pantomimisch verschiedene Musikinstrumente, alle anderen Spieler machen es ihm nach. Ein nicht eingeweihter Spieler muss erraten, welche Person die Vorgabe macht.

Spielverlauf
Ein Spieler, der Detektiv, wird ausgewählt und verlässt kurz den Raum.
Die anderen sitzen im Stuhlkreis. Sie bestimmen nun leise einen Dirigenten. Dessen Aufgabe ist es, pantomimisch ein Instrument zu spielen. Er spielt z. B. eine Geige, bläst in eine Posaune oder trommelt auf dem Schlagzeug. Und weil er der Dirigent ist, spielen alle anderen dann ebenfalls dieses Instrument.
Nach einer kurzen Zeit wechselt der Dirigent – und natürlich mit ihm alle anderen Spieler – das Instrument.
Der Detektiv kehrt in den Sitzkreis zurück und muss nun herausfinden, wer der Dirigent ist. Er beobachtet also möglichst genau, wo das neue Instrument zuerst eingesetzt wird. Enttarnt er den Dirigenten, darf ein anderer Spieler raten.

Differenzierung

Die Spieler im Kreis dürfen passende Geräusche zu dem Instrument machen oder ein Lied singen.

Variante „Blinder Dirigent"

In dieser Variante ist der Dirigent der Suchende. Das Spiel lässt sich in dieser Form aber nur spielen, wenn sich die Kinder gut kennen.

Ein Spieler wird der blinde Dirigent. Er steht in der Mitte des Stuhlkreises und prägt sich die Sitzplätze seiner Mitspieler noch einmal gut ein. Dann werden seine Augen mit einem Tuch verbunden. Der Spielleiter dreht den Dirigenten vor Spielbeginn noch einige Male im Kreis, damit dieser die Orientierung verliert.

Der Dirigent ruft nun laut die Namen von zwei Schülern, so z. B. „Maria und Lukas". Die beiden Genannten stehen auf und wechseln ihre Plätze. Dies sollte möglichst geräuschlos passieren, denn der Dirigent versucht dabei, Maria oder Lukas zu berühren. Gelingt ihm das, wird der ergriffene Spieler neuer blinder Dirigent.

Falls der Dirigent dreimal hintereinander keinen Spieler berühren kann, darf er vier Schüler benennen. Dann müssen z. B. Maria, Lukas, Nina und Zulfet die Plätze wechseln.

Da es jetzt für den blinden Dirigenten einfacher wird, einen Mitspieler zu erwischen, darf er seine Augenbinde nur weitergeben, wenn er richtig sagen kann, welchen der genannten Spieler er erwischt hat.

Tipp

Der Lehrer sollte unbedingt darauf achten, dass die unbeteiligten Mitspieler ruhig sind, damit der blinde Dirigent eine Chance hat, die Bewegungen der aufgerufenen Spieler zu hören.

Kopf in den Sand

Ziel
Wahrnehmungsfähigkeit und Konzentration fördern; zur Ruhe kommen

Spieldauer
10–20 Minuten

Anzahl der Spieler
beliebig viele

Räumliche Bedingungen
keine

Vorbereitungsaufwand
keiner

Material
keines

Zum Spiel
Die Schüler legen ihren Kopf auf den Tisch und strecken ihren Daumen nach oben. Fünf Spieler gehen durch die Klasse und berühren jeweils einen der Daumen. Die anderen Spieler müssen raten, wer welchen Daumen angetippt hat.

Spielverlauf
Fünf Spieler stellen sich als Läufer in die Mitte des Raumes. Alle anderen hören auf das Kommando „Kopf in den Sand": Die Schüler schließen die Augen, legen den Kopf auf den Tisch und heben an einer Hand den Daumen nach oben.
Die Läufer bewegen sich nun leise durch den Raum. Sie gehen zu einem der sitzenden Spieler und berühren vorsichtig dessen Daumen. Dann gehen sie zurück in die Raummitte.
Wenn ein Spieler merkt, dass sein Daumen berührt wurde, legt er die flache Hand auf den Tisch. Dies ist für die anderen Läufer das Zeichen, dass dieser Spieler nicht mehr ausgesucht werden darf.
Wenn alle fünf Läufer wieder in der Mitte stehen, geben Sie das Kommando „Kopf aus dem Sand".

Alle Spieler öffnen ihre Augen, die gerade berührten Spieler stehen auf. Sie müssen nun der Reihe nach erraten, welcher Läufer sie ausgesucht hat. Erst wenn alle Berührten ihre Vermutungen geäußert haben, erklären die Läufer, ob richtig geraten wurde.
Wenn ein Berührter richtig geraten hat, wird er in der nächsten Runde zum Läufer. Läufer, die richtig benannt wurden, setzen sich und müssen nun ihrerseits den Daumen heben. Läufer, die nicht gefunden wurden, bleiben Läufer.

Tipp

Bei diesem Spiel ohne Sieger gibt es kein festgelegtes Ende. Sie werden es aber sicher merken, wann „die Luft raus" ist.
„Kopf in den Sand" ist ein gutes Spiel, um gemeinsam zur Ruhe zu kommen.

Variante „Klopfgeister"

In dieser Variante legen alle Schüler ihren Kopf auf den Tisch und schließen die Augen. Der Lehrer sollte an einem Tisch sitzen, der möglichst von allen Schülern gleich weit entfernt steht.
Der Lehrer klopft in längeren Abständen – fünf Sekunden sollten es jeweils bestimmt sein – mit den Fingern auf den Tisch. Das geschieht zunächst gut hörbar, wird dann aber immer leiser. Die Spieler zählen mit. Am Ende des Spiels wird die Klopferei fast lautlos.
Ist der letzte Klopfer ertönt, wartet der Lehrer noch eine kurze Weile und fordert dann die Schüler auf, die Anzahl der Klopfzeichen anzugeben. Wer die Zahl richtig benennen kann, wird in der nächsten Runde Klopfer.

Differenzierung

Statt zu klopfen, können Sie auch Worte flüstern. Auch hier sollten Sie immer leiser werden.

Tipp

Auch „Klopfgeister" ist wunderbar geeignet, um zur Ruhe zu kommen und gemeinsam konzentriertes Zuhören zu trainieren.

Zauberstab

Ziel
nonverbale Kommunikation und Ausdrucksfähigkeit, Kreativität und Fantasie fördern

Spieldauer
10–20 Minuten

Anzahl der Spieler
beliebig viele

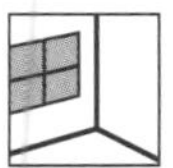

Räumliche Bedingungen
Sitzkreis

Vorbereitungsaufwand
keiner

Material

1 Zauberstab (Lineal, Zeigestock o. Ä.), Kärtchen

Zum Spiel
Die Spieler halten einen Stab in der Hand und geben ihm durch ihre pantomimische Darstellung eine andere Bedeutung. Die Mitspieler müssen erraten, um welchen Gegenstand es sich handelt.

Spielverlauf
Notieren Sie bei der Vorbereitung verschiedene Gegenstände auf Kärtchen (siehe Materialangebot im Download-Bereich). Die Spieler sitzen im Halbkreis, damit alle gut sehen können, was vorgeführt wird.
Ein Spieler schnappt sich den Zauberstab und stellt pantomimisch dar, was dieser sein soll oder wozu er genutzt wird. Vielleicht nutzt ihn Katrin als Paddel oder Emre als Haarbürste.
Die anderen Schüler raten sofort los und rufen ihren Vorschlag in den Raum. Wer die Lösung als Erster findet, darf den nächsten Zauberstab vorstellen.

Einige Beispiele als Anregung
(siehe auch Materialangebot im Download-Bereich)
- Haltestange im Bus
- Staubsauger

- Dompteurstock
- Scheibenwischer
- Fernrohr
- Federballschläger
- Taktstock
- Zahnbürste
- Leiter
- Apfelpflücker
- Skistock
- Hundeleine
- Malerpinsel
- Wasserski
- Reitgerte
- Gitarre
- Angel
- Stabhochsprungstab

Variante „Umzugshelfer“

In dieser Variante spielen zwei Schüler der Gruppe etwas vor. Der Lehrer beschreibt zunächst die Ausgangssituation: Eine Familie wechselt die Wohnung. Der Umzugswagen steht vor der Haustür. Alle Schüler sitzen vor dem Wagen und schauen zu, was so alles aus dem Haus getragen wird.

Die zwei ausgewählten Spieler beraten kurz, was sie gemeinsam aus dem Haus tragen wollen, die anderen raten. Wer zuerst das Umzugsgut erkennt, darf sich einen Partner aussuchen und mit ihm zusammen ein neues Ding aus dem Haus tragen.

Einige Beispiele als Anregung
(siehe auch Materialangebot im Download-Bereich)

- Schlagzeug
- Gummibaum
- Stehleiter
- Aquarium
- Wohnzimmerteppich
- Basketbälle
- Himmelbett
- Kaktus
- Fotoalbum
- Spiegel
- Gartenschlauch
- Kaninchenstall

Das Spiel wird schwieriger, wenn Sie die Umzugsgüter auf Karten notieren und die beiden Spieler sich vor ihrer Darstellung nicht absprechen dürfen.

Würfelei mal fünf

Ziel
Grundrechenarten fördern

Spieldauer
10 Minuten und auch viel länger

Anzahl der Spieler
Gruppen mit 4–6 Schülern

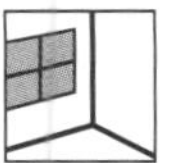

Räumliche Bedingungen
Tische

Vorbereitungsaufwand
keiner

Material
3 Würfel pro Gruppe, Schreibmaterial und Papier

Zum Spiel

Fünf verschiedene Würfelspiele können einzeln oder nacheinander durchgespielt werden. Dabei sollte jeder versuchen, sein Würfelglück richtig einzuschätzen. Mal gilt es, möglichst häufig die „1" zu würfeln („Filzlaus"), dann wiederum sollte sie gar nicht fallen („Mist"). Mal kommt es auf die richtige Würfelreihenfolge („Jule"), auf Päsche und die Summe 7 („Tollpatsch und Xanthippe") oder auch auf geschicktes Rechnen („15 und nicht mehr") an.

Spielverlauf

Mist

Die Spieler würfeln nacheinander mit einem Würfel. Die Augen werden jeweils zusammengezählt. Wer mehr als 15 Punkte erreicht hat, darf das Ergebnis aufschreiben. Er kann aber auch weiter würfeln, um noch mehr Punkte zu erzielen. Sobald aber eine „1" gewürfelt wird – Mist! –, verfällt der ganze Wurf. Wer zuerst 100 Punkte erreicht, gewinnt.

Filzlaus
Gespielt wird mit einem Würfel. Jeder Spieler hat bis zu zehn Versuche, um eine „1" zu würfeln. Gelingt ihm das, hört er sofort auf. Es gewinnt der Spieler, der die wenigsten Versuche braucht. Wer keine „1" würfelt, verliert.

Jule
Wieder ist nur ein Würfel im Spiel. Reihum wird einmal gewürfelt. Wer eine „1" erreicht, notiert die Ziffer auf seinem Blatt. In der nächsten Runde gilt es, die „2" zu würfeln, während die anderen womöglich noch auf die „1" warten. Wer zuerst die „6" gewürfelt hat, gewinnt.

Tollpatsch und Xanthippe
Jeder würfelt einmal mit zwei Würfeln. Wer einen Pasch würfelt, also zwei gleiche Zahlen (also 1–1 oder auch 5–5), darf sich „Tollpatsch" nennen. Wer so würfelt, dass beide Augenzahlen zusammen die 7 ergeben (also 1–6, 2–5 oder 3–4), wird zur „Xanthippe".
Wer zuerst „Tollpatsch" und „Xanthippe" geworden ist, gewinnt.

15 und nicht mehr
Gespielt wird mit drei Würfeln pro Gruppe und den Grundrechenarten.
Die drei Würfel werden gleichzeitig geworfen. Durch die Grundrechenarten soll der Wert 15 erreicht werden. Mehr ist nicht gestattet, weniger ist erlaubt.
Berat wirft: 1, 1, 2. Da lässt sich nicht viel machen. 1 + 1 + 2 = 4.
Sania wirft: 3, 3, 4 und kommt wirklich auf 15 Punkte (3 x 4 = 12, 12 + 3 = 15)
Justin wirft 4, 5, 5 und notiert 14 Punkte (4 + 5 + 5). Schadenfroh erzählen ihm die anderen, dass er einen Punkt verschenkt hat. Er hätte auch 15 aufschreiben lassen dürfen (5 x 4 = 20, 20 – 5 = 15).

Differenzierung
Die Würfelspiele können einzeln gespielt werden oder auch als Würfel-Fünfkampf. Dann wird nach jeweils acht Minuten das Spiel gewechselt. Wer die meisten Runden gewinnen kann, ist der Gesamtsieger.

Elefant, Katze, Maus

Ziel
Reaktionsvermögen trainieren

Spieldauer
15 Minuten

Anzahl der Spieler
beliebig viele

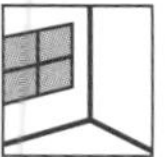

Räumliche Bedingungen
Schulhof

Vorbereitungsaufwand
fast keiner

Material
Kreide

Zum Spiel

Eine Gruppe einigt sich auf ein Tier und stellt es dar. Je nachdem, für welches Tier sich die zweite Gruppe entschieden hat, muss diese Gruppe vor der anderen fliehen oder deren Verfolgung aufnehmen.

Spielverlauf

Auf dem Schulhof wird ein etwa 5 x 10 Meter großer Bereich mit Kreide als Spielfläche gekennzeichnet. Das Feld wird in der Mitte durch einen Strich geteilt. Rechts und links davon beginnt das „Haus" jeder Gruppe.
Dann werden aus der Klasse zwei gleich große Gruppen gebildet. Jede Gruppe besetzt ihr „Haus" und einigt sich geheim auf ein Tier. Dabei gibt es drei Wahlmöglichkeiten:

Elefant
Alle stampfen mit beiden Beinen auf den Boden, lassen den Arm als Rüssel schlenkern und trompeten laut: „Törö, törö!"

Katze
Alle drehen sich einmal im Kreis und miauen laut: „Miau, miau!“

Maus
Alle machen sich ganz klein, gehen in die Hocke und piepsen laut: „Piep, piep!“

Das Spielsystem funktioniert wie bei „Schere, Stein, Papier“. Jedes Tier kann also ein anderes vertreiben: Der Elefant verjagt die Katze, die Katze schlägt die Maus in die Flucht und die Maus vertreibt den Elefanten.
Wenn sich die beiden Gruppen jeweils auf ein Tier geeinigt haben, stellen sie sich mit dem Rücken zueinander an der Mittellinie auf. Dann fragt der Spielleiter (ein Schüler oder der Lehrer) laut: „Wer seid ihr?“
Alle Spieler drehen sich blitzschnell um und stellen gemeinsam jeweils ihr Tier dar – und müssen dabei möglichst schnell erkennen, ob sie sich in der schwächeren oder stärkeren Position befinden. Die schwächeren Tiere fliehen sofort in ihr Haus, die stärkeren Tiere versuchen natürlich, sie davor abzufangen. Wer gefangen wird, wird Mitglied der anderen Gruppe.
Danach stellen sich beide Gruppen wieder an der Mittellinie auf, einigen sich auf ein Tier und warten auf den Start durch den Spielleiter.
Wenn beide Gruppen das gleiche Tier gewählt haben, passiert nichts. Sie wählen dann ein weiteres Mal ihr Tier aus.
Das Spiel endet, wenn in einer Gruppe nur noch ein Spieler übrig bleibt.

Reaktion

Ziel
Reaktionsvermögen und Konzentration fördern

Spieldauer
20 Minuten

Anzahl der Spieler
Gruppen mit 4–6 Schülern

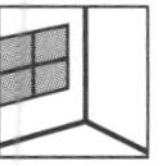

Räumliche Bedingungen
Tische

Vorbereitungsaufwand
keiner

Material
1 Rommé-Blatt (ca. 110 Karten, das Blatt kann auch unvollständig sein) pro Gruppe

Zum Spiel
Die Spieler decken nacheinander Spielkarten auf und reagieren passend zum Motiv der Karte. Wer falsch reagiert, erhält Strafkarten. Wer keine Karte mehr besitzt, gewinnt.

Spielverlauf
Die Karten werden gemischt und gleichmäßig verteilt. Die Spieler dürfen sich ihre Karten nicht ansehen, sondern diese liegen verdeckt auf einem Stapel.
Ein Spieler beginnt und legt die oberste Karte seines Stapels verdeckt in die Tischmitte. Danach dreht er die Karte blitzschnell um. Je nachdem, welche Karte zu sehen ist, reagieren die Spieler.
Bube: Alle Spieler strecken die Arme in die Luft und legen sie wieder auf den Tisch.
Dame: Alle Spieler klatschen in die Hände.
König: Alle Spieler stehen auf, verneigen sich leicht und setzen sich wieder hin.
As: Alle Spieler halten sich kurz die Ohren zu und legen dann die Hände wieder auf den Tisch.
Zahl: Wird eine Zahlenkarte aufgedeckt, darf keiner reagieren.

Danach geht das Spiel mit dem nächsten Spieler und dessen Karte weiter.
Wenn ein Spieler falsch reagiert, also z. B. beim König die Arme in die Luft streckt oder bei einer „10" aufsteht, muss er alle Karten aus der Tischmitte zu sich nehmen und unter seinen Stapel legen.
Wer zuerst keine Karten mehr besitzt, hat gewonnen.

Varianten

Der Störenfried
Der erste Spieler, der keine Karten mehr vor sich liegen hat, wird zum „Störenfried". Er darf bei jeder Karte falsch reagieren. Er klatscht also z. B. bei einer Dame in die Hände oder steht bei einer „5" auf. Wenn ein Spieler auf den Störenfried hereinfällt und falsch reagiert, muss er ebenfalls die Karten aus der Tischmitte nehmen. Reagieren mehrere Personen falsch, werden die Strafkarten gerecht aufgeteilt.
Wenn ein zweiter Spieler keine Karten mehr besitzt, ist das Spiel beendet. Es verliert der Spieler, der dann die meisten Karten vor sich liegen hat.

Verschärfte Reaktion
Die Spieler können sich auf weitere Reaktionen einigen. Dann müssen sie z. B. bei einer „3" aufstehen und sich einmal um sich selbst drehen oder bei einer „5" mit der Hand auf den Tisch klopfen.

Tipp

Schülern macht es viel Spaß, sich eigene Regeln für Spiele auszudenken. Bei diesem Spiel ist dies besonders gut möglich. Dabei dürfen die Regeln von Tischgruppe zu Tischgruppe durchaus unterschiedlich sein.

Berufe-Staffel

Ziel
nonverbale Kommunikation und Ausdrucksfähigkeit sowie Kreativität und Fantasie fördern

Spieldauer
20–30 Minuten

Anzahl der Spieler
beliebig viele

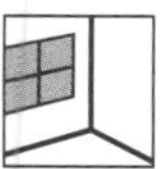

Räumliche Bedingungen
viel Platz

Vorbereitungsaufwand
15 Minuten

Material
30 Kärtchen mit Berufen

Zum Spiel
Die Spieler werden in zwei Gruppen geteilt und stellen pantomimisch Berufe dar. Die Mitglieder der eigenen Gruppe müssen diese Berufe möglichst schnell erraten.

Spielverlauf

Vorbereitung
Notieren Sie verschiedene Berufe auf Karteikarten (Material auch im Download-Bereich).
Die Spieler bilden zwei Gruppen und setzen sich möglichst weit voneinander entfernt. Der Lehrer, eventuell auch ein Schüler, nimmt in der Mitte zwischen diesen beiden Gruppen Platz. Er mischt die Berufe-Karten und bildet zwei gleich große Stapel.

Grundspiel
Aus jeder Gruppe geht ein Spieler zum Lehrer. Der Lehrer zeigt dem Schüler eine Berufe-Karte oder flüstert ihm die Berufsbezeichnung ins Ohr. Der Spieler läuft zu seiner Gruppe und stellt ihr den Beruf pantomimisch vor. Es darf nicht gesprochen werden.

Sobald ein Schüler aus der Gruppe den Beruf erraten hat, läuft er zum Lehrer und flüstert ihm den Beruf zu. Wurde der Beruf richtig erraten, bekommt dieser Spieler einen neuen Begriff, den er seinerseits der Gruppe vorspielt. Ist der Begriff falsch, muss in der Gruppe weiter geraten werden. Es darf nie mehr als ein Spieler aus jeder Gruppe zum Lehrer unterwegs sein.
Es gewinnt die Gruppe, die zuerst alle Berufe erraten hat.

Beispiele für Berufe (siehe auch Materialangebot im Download-Bereich)
Altenpfleger, Apotheker, Arzt, Bäcker, Bauer, Briefträger, Buchhändler, Bürokaufmann, Busfahrer, Dachdecker, Elektriker, Erzieher, Feuerwehrmann, Fleischer, Fliesenleger, Fotograf, Friseur, Gärtner, Glaser, Goldschmied, Hausmeister, Jäger, Journalist, Kapitän, Kellner, Kfz-Mechaniker, Klempner, Koch, Kraftfahrer, Lehrer, Lokführer, Maler, Maurer, Pastor, Pilot, Polizist, Richter, Sänger, Schäfer, Schauspieler, Schneider, Schornsteinfeger, Schuster, Schwimmmeister, Sekretär, Steward, Straßenbauer, Tankwart, Tierarzt, Tischler, Uhrmacher, Verkäufer.

Neue Begriffe
Statt Berufen können auch andere Oberbegriffe (Tiere, Nahrungsmittel, Hobbys …) dargestellt werden.

Differenzierung

Wenn eine Gruppe einen Beruf nicht errät, kann der Lehrer den Begriff erst einmal zurückstellen und am Ende noch einmal nennen.

Variante „Zeichnen"

Die Berufe-Staffel kann auch als Zeichenspiel durchgeführt werden. Für diese Variante reichen sechs bis acht Begriffe.
Die Gruppen sitzen wieder möglichst weit voneinander entfernt an Tischen. Auf den Tischen liegen Malblätter. Ein Spieler muss jetzt den Beruf zeichnerisch darstellen. Sprechen ist weiterhin verboten. Die Schüler dürfen auch keine Buchstaben in ihren Zeichnungen verwenden.

Tipps

Der Lehrer muss unbedingt darauf achten, dass nicht gesprochen wird.
Das Spiel wird einfacher, wenn im Unterricht schon über Berufe gesprochen wurde.

Abc-Reihe

Ziel
Sprachvermögen fördern

Spieldauer
20–45 Minuten

Anzahl der Spieler
beliebig viele

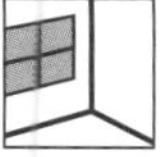

Räumliche Bedingungen
keine

Vorbereitungsaufwand
keiner

Material
Schreibmaterial und Papier, für die Variante: Decke

Zum Spiel

Die Spieler suchen zu einem vorgegebenen Begriff Wörter mit den Anfangsbuchstaben von A bis Z.

Spielverlauf

Die Schüler schreiben die Buchstaben von A bis Z in einer Spalte untereinander. Zu einem Oberbegriff sollen nun Wörter gefunden werden, die mit den 26 Buchstaben des Alphabets beginnen (siehe auch Materialangebot im Download-Bereich).

Hier ein Beispiel zum Thema „Tiere"
Affe, Bär, Chamäleon, Delfin, Erdhörnchen, Fliege, Gnu, Hase, Igel, Jaguar, Kamel, Löwe, Maus, Nilpferd, Okapi, Puma, Qualle, Ratte, Spatz, Tiger, Uhu, Vogel, Wal, X-mas-Elch, Yak, Zebra.

Manchmal ist es nicht ganz leicht, eine komplette Liste zu finden, da es wenig Worte mit Q, X, Y und Z gibt. Aber es sind viel mehr, als man glaubt. Und man darf auch kreative Wortschöpfungen, wie z. B. den X-mas-Elch, erlauben.

Wenn kein Spieler mehr Wörter weiß, wird die Suche abgebrochen.

Differenzierungen

Sekretär

Jüngere Kinder, die noch nicht schreiben können, spielen in altersgemischten Gruppen mit einem „Sekretär" zusammen, der für sie die Begriffe notiert.

Endungen

Das Spiel wird sehr viel schwieriger, wenn Wörter gesucht werden, die mit den Buchstaben des Alphabets enden. Bei den Tieren würde das so aussehen:
Lama, Dünnleib, Seehund, Giraffe, Dompfaff, Schmetterling, Elch, Hai, Kuckuck, Dackel, Holzwurm, Nashorn, Beo, Polyp, Dromedar, Fuchs, Buntspecht, Emu, Chow-Chow, Archäopterix, Guppy, Nerz.
Nur für die Endbuchstaben c, j, q und v haben wir kein Tier gefunden.

Varianten

Das Spiel wird einfacher, wenn ein Buchstabe nicht am Anfang des Begriffs stehen muss, sondern nur darin vorkommt.

Möglich ist auch eine differenziertere Punktwertung. Dann zählt ein treffendes Wort zwei Punkte, für andere Lösungen gibt es nur einen Punkt. Heißt der Oberbegriff z. B. „Weihnachten", gibt es für Nikolaus zwei Punkte, für Nudelauflauf aber nur einen.

Vorschläge für weitere Spielrunden mit den Oberbegriffen

Autos, Berufe, Camping, Deutschland, Erdkunde, Fernsehen, Garten, Hobby, International, Jahrmarkt, Küche, Landwirtschaft, Musik, Natur, Ozean, Pflanzen, Quatsch, Reisen, Schule, Theater, Unterhaltung, Verkehr, Wald, X-Beliebiges, Yankees, Zirkus.

ABC im Raum

Auf dem Boden liegt eine Decke. Die Spieler suchen im Raum nach Gegenständen, die zu je einem Buchstaben passen. Dann liegen da möglicherweise ein Apfel, ein Ball, ein Chemiebuch usw.

Wunderwatschler

Ziel

logisches Denken und Konzentration fördern

Spieldauer

45 Minuten

Anzahl der Spieler

Gruppen mit 4–5 Schülern

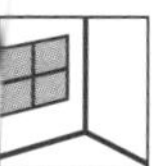

Räumliche Bedingungen

Tische

Vorbereitungsaufwand

10 Minuten

Material

1 Würfel pro Gruppe, 4 Spielfiguren pro Spieler, Schreibmaterial und Papier oder Pappe

Zum Spiel

Die Spieler erstellen gemeinsam ein Würfelspiel, in dem es darum geht, seine Figuren möglichst schnell ans Ziel zu bringen.

Spielverlauf

Vorbereitung

Das Spiel kann in einer Unterrichtsstunde hergestellt und gespielt werden. Als Spielplan dient eine Lauflinie aus 24 Feldern, die wie ein Kleeblatt angeordnet werden. Am Ende der Reihe wird ein weiteres Feld mit „Z" gekennzeichnet. Der Plan kann auf eine größere Pappe gezeichnet werden. Eine Vorlage dafür finden Sie im Download-Material.

So könnte der Spielplan beispielsweise aussehen:

Z

Spielen

Jeder Spieler erhält vier Spielfiguren in einer Farbe. Der jüngste Mitspieler beginnt zu würfeln und versucht, seine Figuren über das Feld nach dem Startpfeil ins Spiel zu bringen. Es darf immer nur einmal gewürfelt werden. Bei geraden Augenzahlen (2, 4, 6) darf man nur vorwärts, bei ungeraden Augenzahlen (1, 3, 5) muss man rückwärts ziehen.

Jeder Spieler entscheidet, mit welcher seiner Figuren er zieht.

Würfelt man eine ungerade Augenzahl, solange man noch keine Figur im Spiel hat, verfällt der Wurf.

Beim Ziehen von ungeraden Augenzahlen kann es passieren, dass Figuren wieder aus dem Spiel herausfallen. Diese werden dann ganz normal mit geraden Augenzahlen wieder hineingewürfelt.

Trifft eine Figur auf eine andere, so wird diese um die gewürfelte Augenzahl weiter gestoßen: mit geraden Augen vorwärts, mit ungeraden Augen rückwärts – je nachdem. Trifft diese dabei wieder auf eine andere Figur, passiert das Gleiche. So entstehen wahre Kettenreaktionen!

Gewonnen hat, wer zuerst mit allen eigenen Figuren das Zielfeld (Z) erreicht.

Zwei Möglichkeiten, um das Zielfeld zu erreichen

1. Entweder wird der Stein von einem anderen über das letzte Spielfeld hinausgestoßen. Dabei spielen überflüssige Würfelpunkte keine Rolle.
2. Oder der Stein wird direkt vom Spieler über das letzte Spielfeld hinaus auf das Z-Feld gezogen. Dafür muss er jedoch eine genau passende Augenzahl würfeln, um auf dieses Feld zu kommen. Nicht passende gerade Augenzahlen verfallen, wenn man mit keinem anderen Stein mehr ziehen kann.

Das Spiel ist beendet, wenn ein Spieler alle seine Steine ins Ziel gesetzt hat.

Differenzierung

Wenn noch Zeit vorhanden ist, können die Schüler ein Bild vom „Wunderwatschler“ malen.

(„Wunderwatschler“ ist erstmals 1981 als Spiel in der Edition Perlhuhn, Göttingen, erschienen.)

Peng!

Ziel
mathematische Kenntnisse und Konzentration fördern

Spieldauer
5–20 Minuten oder auch länger

Anzahl der Spieler
beliebig viele

Räumliche Bedingungen
keine

Vorbereitungsaufwand
keiner

Material
keines, für die Variante: eventuell 1 Gummiente

Zum Spiel
Die Spieler zählen laut die Zahlen ab eins. Dabei dürfen sie die Zahlen, in denen die 7 vorkommt, nicht nennen. Als Ersatz wird einfach „Peng!" gerufen.

Spielverlauf
Die Schüler stehen im Kreis oder sitzen auf ihren Tischen. Sie zählen reihum laut von eins bis unendlich. Jeder Schüler nennt dabei eine Zahl.
Alle Zahlen, die durch 7 teilbar sind (7, 14, 21 ...) oder in denen die 7 als Ziffer vorkommt (7, 17, 27 ...), dürfen nicht genannt werden. Statt dieser Zahl sagt der Schüler einfach „Peng!". Es wird also so gezählt: 1, 2, 3, 4, 5, 6, Peng!, 8, 9 ...
Wer einen Fehler macht oder zu lange zögert, scheidet aus und setzt sich auf seinen Stuhl. Nach einem Fehler wird wieder bei der 1 mit dem Zählen begonnen.
Der Lehrer sollte darauf achten, dass die Schüler nicht zu lange überlegen (maximal drei Sekunden).

Differenzierung

Das Spiel wird schwieriger, wenn auch Zahlen verboten werden, deren Quersumme (das ist die Summe der einzelnen Ziffern) 7 ergibt, also z. B. 16, 25, 34 …

Varianten

Peng! Bumm! Tschinderassa!

Diese Variante ist nur für ältere Schüler geeignet, weil sie ein hohes Maß an Konzentration erfordert.

Wie bei „Peng!" dürfen die Schüler keine Zahl nennen, in der die 7 als Ziffer (17, 27, 37 …) oder als Teiler (7, 14, 21 ...) vorkommt.

Zusätzlich müssen die Spieler bei Zahlen, in denen die 3 als Ziffer (3, 13, 23 …) oder als Teiler (6, 9, 12 …) vorkommt, „Bumm"! sagen.

Ganz schwierig wird es bei Zahlen, in denen die 3 und die 7 vorkommen, dies ist z. B. bei 21, 37 oder auch 42 der Fall. Jetzt müssen die Spieler „Tschinderassa!" rufen.

In dieser Variante wird dann folgendermaßen gezählt: 1, 2, Bumm!, 4, 5, Bumm!, Peng!, 8, Bumm!, 10 usw.

Bei Fehlern beginnt der nächste Spieler wieder mit der „1".

Entenbaden

Dabei handelt es sich um eine lustige Variante des Grundspiels.

Der erste Spieler beginnt und sagt: „Eine Ente …", der zweite ergänzt: „… mit zwei Füßen …", der dritte: „… geht baden." Und der vierte beendet den Satz mit: „Platsch!" Dann geht es mit zwei Enten weiter und die Satzstücke lauten: „Zwei Enten …", „… mit vier Füßen …", „… gehen baden.", „Platsch!", „Platsch!". Wichtig ist dabei, dass ein Spieler nur einmal „Platsch!" sagen darf. Das zweite „Platsch!" kommt von dem nächsten Spieler. Wenn ein Fehler passiert, beginnt der Satz wieder mit einer Ente.

Tipp

Wenn Sie eine kleine Ente aus Gummi besitzen, darf sie bei „Entenbaden" mitspielen. Jeder Spieler nimmt die Ente in die Hand und gibt sie nach seinem Beitrag an das nächste Kind weiter. Die Konzentration der Schüler wird dadurch erleichtert.

Blind und lahm

Ziel
Wahrnehmung, Einfühlungsvermögen, Konzentration und Verantwortungsbewusstsein fördern

Spieldauer
10 Minuten

Anzahl der Spieler
beliebig viele

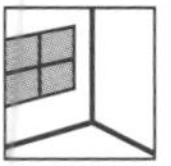

Räumliche Bedingungen
viel Platz;
kann gut auch draußen gespielt werden

Vorbereitungsaufwand
fast keiner

Material
Augenbinden, für die Variante: 1 langes Seil

Zum Spiel
Zwei Spieler bilden ein Team. Ein Spieler führt seinen Partner, dessen Augen verbunden sind, durch den Raum.

Spielverlauf
Die Schüler werden in zwei gleich große Gruppen geteilt, die Blinden und die Lahmen. Die Blinden können nicht sehen, die Lahmen nicht gehen.
Tische und Stühle werden an den Rand des Raumes gestellt oder Sie spielen gleich draußen auf dem Schulhof. Die Blinden stehen auf der einen Seite des Raumes oder Schulhofs, die Lahmen ihnen gegenüber auf der anderen Seite. Den blinden Spielern werden die Augen verbunden. Jeweils ein Blinder und ein Lahmer bilden ein Team.
Der Lehrer gibt ein Startzeichen. Die Lahmen rufen die Blinden zu sich, passen aber dabei auf, dass die Blinden nicht gegen Mitspieler laufen. Erreicht der Blinde den Lahmen, nimmt er diesen auf den Rücken und läuft mit ihm zurück auf seine Seite. Dabei wird der Blinde vom Lahmen geleitet. Das schnellste Paar gewinnt.
In der zweiten Runde werden die Rollen getauscht.

Differenzierungen

Stehen die Mitspieler weit auseinander, vereinbaren sie einen bestimmten Tierlaut, mit dem der Lahme den Blinden zu sich leitet. Bei dieser Variante darf nicht gesprochen werden.
Das Spiel wird schwieriger, wenn auf dem Rückweg bestimmte Hindernisse überquert oder umlaufen werden müssen.

Varianten

Blindenlauf

Die Klasse wird in zwei Gruppen aufgeteilt. Die Spieler stehen hintereinander in zwei Reihen. Der Abstand zwischen den Reihen sollte mindestens drei Meter betragen. Der erste Spieler jeder Mannschaft startet mit verbundenen Augen. Er läuft auf ein Ziel zu. Das kann ein Baum, ein Mitspieler oder auch der Spielleiter sein. Da der Läufer nichts sehen kann, dirigieren ihn seine Mitspieler. Sobald der Läufer das Ziel erreicht hat, nimmt er die Augenbinde ab, läuft zurück zu seiner Gruppe und verbindet dem nächsten Spieler die Augen. Es gewinnt die schnellste Gruppe.

Tipp

„Blind und lahm“ setzt ein Grundvertrauen zwischen den Spielern voraus. Wenn Sie in Ihrer Klasse noch daran arbeiten, schlagen wir folgende „Vor-Spiele“ vor:

Seillaufen

Alle Spieler tragen eine Augenbinde. Nur der Spielleiter kann sehen. Die Spieler fassen jeweils mit einer Hand ein langes Seil. Der Spielleiter führt die Gruppe damit über das Schulgelände. Er muss darauf achten, dass keiner der Spieler stolpert.

Bäume finden

Die Spieler starten in Zweierteams. Jeweils ein Schüler trägt eine Augenbinde. Der sehende Partner führt den Blinden über das Schulgelände zu einem Baum. Der Blinde ertastet den Baum möglichst genau und wird dann wieder zurückgeführt. Erst danach darf er die Augenbinde abnehmen. Er muss nun herausfinden, zu welchem Baum er geführt worden ist. Gelingt ihm das, werden seinem Partner die Augen verbunden.

Drei gewinnt

Ziel
logisches und strategisches Denken sowie Konzentration fördern

Spieldauer
10 Minuten

Anzahl der Spieler
6 Spieler und beliebig viele Zuschauer; im Turnier: beliebig viele Spieler

Räumliche Bedingungen
keine

Vorbereitungsaufwand
5 Minuten

Material
9 Stühle, 6 Nummernkarten

Zum Spiel
Wie beim Mühle-Spiel sollen bei „Drei gewinnt" am Schluss drei Spieler in einer Reihe sitzen. Hier ist allerdings vorgegeben, in welcher Reihenfolge sich die Spieler umsetzen.

Spielverlauf

Vorbereitung
Als Spielplan dienen neun Felder, die im Quadrat aus 3 x 3 Reihen angeordnet sind.

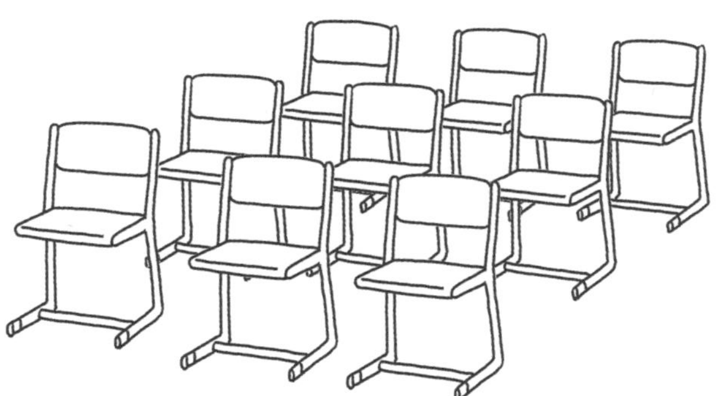

Auf drei DIN-A4-Blättern werden jeweils die Zahlen 1, 2 und 3 notiert. Sie benötigen diesen Satz in zwei Farben (z. B. in Rot und in Blau), vgl. auch das Angebot im Download-Material.

Hintergrundinfo
„Drei gewinnt" (auch: „Tic Tac Toe", „XXO") ist ein klassisches Zweipersonen-Strategiespiel, das schon im 12. Jahrhundert gespielt wurde. Es ähnelt dem Brettspiel „Mühle".

Spielen
Es werden zwei Mannschaften gebildet, z. B. eine rote und eine blaue, mit jeweils drei Spielern. Jeder Spieler erhält eine Karte mit einer Zahl von 1 bis 3, entweder in Blau oder in Rot. Die Zahlen bestimmen die Reihenfolge, in der die Schüler spielen.
Ziel des Spiels ist es, eine Reihe so zu bilden, dass die drei Spieler eines Teams nebeneinander, hintereinander oder in einer Diagonalen sitzen.
Die Reihenfolge ist genau festgelegt. Es beginnt „Rot-1", dann folgen „Blau-1", „Rot-2", „Blau-2", „Rot-3" und schließlich „Blau-3". Darauf folgt wieder „Rot-1". Am Anfang sollte der Lehrer oder ein Schüler die Zugreihenfolge laut ansagen.
Zunächst setzen sich die Spieler in der dargestellten Reihenfolge jeweils auf einen leeren Stuhl. Wenn alle Schüler sitzen und sie wieder an der Reihe sind, müssen sie einen anderen Stuhl einnehmen. Ein Verzicht ist nicht möglich. Es wird so lange gespielt, bis ein Team eine Dreier-Reihe bilden kann.
Die restlichen Schüler der Klasse sind Zuschauer und dürfen nicht helfen.

Differenzierungen

Stumm
Das Spiel wird schwieriger, wenn die Schüler nicht miteinander reden dürfen.

Turnier
„Drei gewinnt" kann auch in Turnierform gespielt werden. Dann spielen immer zwei Dreier-Gruppen gegeneinander, die Gewinner ziehen in die nächsten Runde ein. Irgendwann stehen die beiden Finalteams fest.
Wenn genügend Zeit vorhanden ist, kann jede Dreier-Gruppe gegen jede andere spielen. Zur besseren Übersicht sollten Sie dann eine Tabelle an der Tafel anlegen, in die Sie jeweils eintragen, wer gegen wen spielt.
Es gewinnt das Team mit den meisten Siegen.

Tipp
Für Schüler ist es immer spannend, für ihr Team einen eigenen Namen aussuchen zu können.

Harlekin

Ziel
mathematisches Verständnis, strategisches und taktisches Denken fördern

Spieldauer
10 Minuten

Anzahl der Spieler
Gruppen mit 4 Schülern

Räumliche Bedingungen
keine

Vorbereitungsaufwand
fast keine

Material
DIN-A4-Blatt pro Gruppe, Schreibzeug,
1 Spielfigur (Radiergummi, Anspitzer o. Ä.)

Zum Spiel
Die Spieler zeichnen gemeinsam den Spielplan. Im Spiel geht es darum, 100 Punkte möglichst geschickt einzusetzen, um seine Spielfigur auf die eigene Seite ziehen zu dürfen.

Spielverlauf
Auf ein DIN-A4-Blatt werden 25 Kreise so gemalt, dass sich fünf Reihen mit jeweils fünf Kreisen nebeneinander und untereinander ergeben. Das Mittelfeld ist besonders gekennzeichnet. Hier steht oder liegt liegt zu Beginn die Spielfigur, z. B. ein Radiergummi.

Der Spielplan (liegt auch im Download-Bereich vor):

○ ○ ○ ○ ○
○ ○ ○ ○ ○
○ ○ X ○ ○
○ ○ ○ ○ ○
○ ○ ○ ○ ○

Die Schüler sitzen zu viert so am Tisch, dass jeder eine andere Tischkante vor sich hat. Jeder hat ein eigenes Blatt Papier, auf dem er seine zur Verfügung stehende Punktzahl notiert, nämlich 100.
In jeder Runde darf der Spieler, der die meisten Punkte gesetzt hat, die Spielfigur um ein Feld waagerecht, senkrecht oder diagonal versetzen.
Das Setzen der Punkte geschieht geheim. Ein Punkt muss mindestens gesetzt werden. Jeder schreibt seine Setzzahl unter die 100.

Beispiel
Anne setzt 20, Björn setzt 1, Carla setzt 10, Dennis setzt 25. Nun darf Dennis nach dem Aufdecken der Blätter einen Zug machen. Er zieht die Spielfigur in Richtung der eigenen Tischkante.
Alle Spieler haben jedoch ihre gesetzten Punkte verloren. Anne hat also noch 80 Punkte, Björn sogar noch 99 Punkte.
Ziel des Spiels ist es, die Spielfigur über das Spielfeld hinaus zu sich zu ziehen. Es gewinnt derjenige, dem das gelingt.
Wer keine Punkte mehr hat, scheidet aus. Haben zwei Spieler die gleiche Anzahl Punkte gesetzt und ist dies auch noch die höchste gesetzte Punktzahl, einigen sie sich entweder über den Zug – oder dieser verfällt.

Variante
Harlekin kann auch gut zu zweit gespielt werden. Dann sieht der Spielplan (liegt ebenfalls im Download-Bereich vor) allerdings anders aus:

Jetzt befinden sich neun Kreise in einer Reihe und die Spielfigur liegt in der Mitte. Wieder wird mit 100 Punkten gespielt.

(„Harlekin" ist erstmals 1985 als Spiel in der Arbeitsstelle für Neues Spielen, Bremen, erschienen.)

Hier wird geklammert

Ziel
Bewegung, Schnelligkeit und Konzentration fördern; wieder zur Ruhe kommen

Spieldauer
10 Minuten

Anzahl der Spieler
beliebig viele

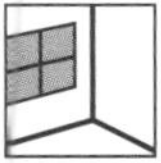

Räumliche Bedingungen
viel Platz im Raum oder auch draußen

Vorbereitungsaufwand
fast keiner

Material
3 Wäscheklammern pro Spieler, für die Variante: 1 Augenbinde pro Spielgruppe

Zum Spiel
Die Spieler haben Wäscheklammern an ihre Kleidung geheftet und versuchen, diese anderen Schülern an die Kleidung zu klammern.

Spielverlauf

Klammerlauf

Tische und Stühle werden an den Rand des Raumes gestellt oder besser: Sie spielen auf dem Schulhof.

Jeder Spieler erhält drei Wäscheklammern, die er an seiner Kleidung befestigt.

Auf ein Startsignal hin laufen alle Spieler im Raum umher. Sie versuchen dabei, ihre Klammern an andere Spieler weiterzugeben, d.h., an deren Kleidung zu heften. Dabei darf jeder Schüler nur eine Klammer in der Hand halten. Heruntergefallene Klammern muss derjenige Spieler wieder aufsammeln, der versucht hat, sie anzuklammern.

Nach drei Minuten ist Schluss, und es werden Klammern gezählt. Der Spieler mit den wenigsten Klammern gewinnt.

Gleich startet die nächste Klammerrunde.

Differenzierung

Sie können auch genau umgekehrt klammern: Dann befestigt jeder Schüler drei Wäscheklammern gut sichtbar an seiner Kleidung und bewegt sich frei im Raum. Auf ein Startkommando hin versucht jeder, seinen Mitspielern Klammern abzunehmen. Eroberte Klammern müssen sofort an der eigenen Kleidung befestigt werden. Wer keine Klammern mehr besitzt, scheidet aus. Nach drei Minuten wird der Sieger ermittelt.

Variante „Klipp klapp"

„Klipp klapp" ist ein schönes Spiel, um nach dem hektischen Klammerlauf wieder zur Ruhe zu kommen. Die Klasse wird in Gruppen zu drei bis fünf Spielern aufgeteilt.

In jeder Gruppe steht ein Spieler, z. B. Andreas, mit verbundenen Augen in der Mitte, er darf sich auch nicht mehr bewegen. Die anderen Spieler der Gruppe erhalten jeweils eine Wäscheklammer und stellen sich rund um Andreas auf.

Die Spieler murmeln nun ohne Unterbrechung leise „klipp klapp, klipp klapp" vor sich hin, damit Andreas nicht hört, was um ihn herum passiert. Gleichzeitig versuchen sie, ihre Klammer an seine Kleidung zu heften. Geeignete Orte sind z. B. sein Pullover, der Hemdkragen oder auch der Hosensaum.

Sind die Klammern platziert, hören die Spieler mit der Murmelei auf. Andreas soll nun sagen, wo an seiner Kleidung sich die Klammern befinden. Er muss diese Stellen möglichst genau beschreiben, also: „an meiner rechten Hosentasche", statt: „an der Hose". Wenn Andreas einen Ort richtig benannt hat, nimmt der Spieler die Klammer zurück, der sie dort angeheftet hat. Findet Andreas eine Klammer nicht, behält er sie als Strafpunkt.

Danach werden die Augen eines anderen Spielers verbunden.

Sobald jeder Spieler der Gruppe einmal in der Mitte stand, werden die Strafpunkte gezählt. Es gewinnt der Spieler mit den wenigsten Strafpunkten.

Tipp

Wird „Klipp klapp" im Sommer gespielt, sollte der Spieler in der Mitte auch eine Jacke und eine Mütze tragen, sonst ist es für die Mitspieler zu schwierig, ihn zu überlisten.

Indianerhäuptling

Ziel
Wahrnehmung und Konzentration fördern

Spieldauer
10 Minuten

Anzahl der Spieler
beliebig viele

Räumliche Bedingungen
viel Platz;
kann auch draußen gespielt werden

Vorbereitungsaufwand
fast keiner

Material
keines, eventuell: Augenbinden

Zum Spiel

Die Spieler stehen mit geschlossenen Augen im Kreis. Zwei Spieler schleichen als Indianerhäuptlinge um den Kreis herum. Die Kreisspieler versuchen herauszuhören, wo die Indianerhäuptlinge stehen bleiben.

Spielverlauf

Tische und Stühle werden an den Rand des Raumes gestellt oder Sie spielen gleich auf dem Schulhof.
Zwei Spieler werden zu Indianerhäuptlingen ernannt. Die anderen stehen im Kreis und halten die Augen geschlossen. Die beiden Indianerhäuptlinge schleichen leise um die Schüler herum und bleiben dann jeweils hinter einem der Schüler stehen.
Jeder Schüler im Kreis versucht herauszufinden, ob ein Indianerhäuptling hinter ihm steht. Tasten ist dabei aber verboten.
Glaubt ein Spieler, dass ein Häuptling hinter ihm steht, fragt er laut nach. Bekommt er keine Antwort, hat er falsch geraten. Stimmt die Vermutung, tauscht er mit dem Indianerhäuptling die Rolle und schleicht selbst um den Kreis.

Tipp

Falls Sie das Gefühl haben, dass Ihre Schüler schummeln und blinzeln, sollten Sie mit Augenbinden spielen.

Differenzierungen

Wenn viele Schüler mitspielen, dürfen weitere Indianerhäuptlinge mitmachen, die gleichzeitig herumschleichen.

Nach mehreren Spielrunden kann „Indianerhäuptling" auch mit Klatschen gespielt werden. Entweder klatschen die Spieler im Kreis dabei laut in die Hände, bis ein Zeichen des Spielleiters ertönt, oder sie singen gemeinsam die Strophe eines Lieds. Die beiden Indianerhäuptlinge schleichen in der Zwischenzeit um die anderen herum. Nach dem Stoppsignal stehen die Häuptlinge jeweils hinter einem Spieler. Die Kreisspieler müssen nun erraten, ob hinter ihnen ein Indianerhäuptling steht oder nicht.

In dieser Variante können die Spieler die Indianerhäuptlinge nicht hören, sie müssen sie spüren.

Variante „Wachposten“

In dieser Variante stehen die Spieler in einem großen Kreis und dürfen die Augen geöffnet halten. Nur ein Schüler, der Wachposten, steht mit verbundenen Augen in der Kreismitte. Ein Spieler aus dem Kreis versucht, sich an den Wachposten anzuschleichen und ihn zu berühren. Gelingt ihm das, übernimmt er die Rolle des Wachpostens.

Hört der Wachposten aber den sich anschleichenden Spieler und zeigt in die Richtung, aus der der Angreifer kommt, muss dieser zurück in den Kreis. Natürlich müssen sich alle Spieler im Kreis mucksmäuschenstill verhalten, damit der Wachposten überhaupt eine Chance hat, einen Angreifer zu hören. Dies gilt auch bei der Verständigung, welcher Schüler sich anschleichen darf. Der Spielleiter achtet darauf, dass sich nie zwei Spieler gleichzeitig anschleichen.

Mein Ding

Ziel
Sprachvermögen, Fantasie und Kreativität fördern

Spieldauer
10 Minuten

Anzahl der Spieler
beliebig viele

Räumliche Bedingungen
Stuhlkreis

Vorbereitungsaufwand
keiner

Material
keines, für die Variante: Karteikärtchen

Zum Spiel
Die Spieler suchen Dinge, die zu vorher genannten Eigenschaften passen. Dabei ist die Kreativität jedes Einzelnen gefragt.

Spielverlauf
Die Spieler sitzen im Stuhlkreis und suchen möglichst viele Eigenschaften, die auf „Mein Ding" zutreffen. Es wird aber vorab nicht geklärt, um welches Ding es sich dabei handelt. Vermutlich hat jeder Spieler ein anderes Ding im Kopf.
Lea beginnt mit: „Mein Ding ist grün", weil sie an ein Krokodil denkt. Noel ergänzt: „Mein Ding ist grün und aus Stoff", weil das Fußballtrikot seiner Lieblingsmannschaft grün ist. Nun ist Zarife an der Reihe: „Mein Ding ist grün, aus Stoff und ich kann darauf sitzen." Zarife ist zu dem Rätsel ihr quietschgrüner Sessel eingefallen. Keiner verrät, an welches Ding er gerade denkt.
Das Spiel wird so lange fortgeführt, bis einem Spieler kein Ding mehr einfällt, zu dem alle bisher genannten Eigenschaften passen. Hermann nennt also keine neue Eigenschaft, sondern fragt bei Diana, seiner Vorgängerin, nach, welches Ding sie gemeint hat.

Kann Diana ein Ding nennen, zu dem alle aufgezählten Eigenschaften passen, erhält Hermann einen Strafpunkt. Fällt ihr auch kein Ding ein, bekommt sie den Punkt.

Variante „Das Dings"

Nachdem Ihre Schüler „Mein Ding" mit Eigenschaften gespielt haben, können sie nun gemeinsam ein Ratespiel erstellen.

Vorbereitung

Jeder Schüler beschreibt „ein Dings" in sechs Sätzen. Dabei sollte die Beschreibung zuerst relativ grob sein, um dann immer genauer zu werden.

Hier ein Beispiel für „Staubsauger"

Die Beschreibungen Ihrer Schüler werden nach diesem Muster auf Karteikärtchen notiert. Weitere Beispiele finden Sie im Download-Material.

Das Dings ...

1. ... ist eine Erfindung.
2. ... bewegt sich.
3. ... gibt es im Haushalt.
4. ... ist ganz schön laut.
5. ... arbeitet mit Luft.
6. ... hilft beim Putzen.

Raten

Jeder Spieler liest der Reihe nach seine Hinweise vor, die anderen raten so lange, bis das versteckte „Dings" gefunden ist. Dabei macht der Vorlesende nach jedem Satz eine Pause und lässt die anderen raten. Wenn die Lösung nicht gefunden wird, folgt der nächste Hinweis. Die anderen Spieler rufen ihre Lösung in die Klasse. Wer zuerst den richtigen Begriff gefunden hat, bekommt einen Punkt. In strittigen Fällen entscheidet der Vorleser. Er darf natürlich nicht mitraten.
Es gewinnt der Spieler, der die meisten Punkte sammeln konnte.

Tipps

Im Spiel kann es ziemlich laut zugehen. Nehmen Sie dies als Ausdruck der Spielfreude Ihrer Gruppe. Lärm muss ja nicht immer schlecht sein.
Sie können dieses Ratespiel auch in Ihrem Unterricht einsetzen. Lassen Sie die Schüler dann nur Begriffe beschreiben, die zu Ihrem augenblicklichen Thema passen.
Sammeln Sie „die Dings-Karten" ein, so entsteht nach und nach eine Sammlung für weitere Vertretungsstunden.

(„Das Dings. Lesen – Denken – Raten" von Hajo Bücken und Dirk Hanneforth, ist 2008 als Kallmeyer Lernspiel im Erhard Friedrich Verlag, Seelze, erschienen.)

Goofie

Ziel
Bewegungsfähigkeit fördern; wieder zur Ruhe kommen

Spieldauer
10–15 Minuten

Anzahl der Spieler
beliebig viele

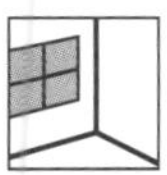

Räumliche Bedingungen
viel Platz; kann auch draußen gespielt werden; für die Variante: verdunkelbarer Raum

Vorbereitungsaufwand
keiner

Material
keines, eventuell: Augenbinden

Zum Spiel
Die Spieler tasten mit geschlossenen Augen und versuchen Goofie, einen sehenden Mitspieler, zu finden.

Spielverlauf
Tische und Stühle werden an den Rand des Raumes gestellt. Wenn es dort keine Stolperfallen gibt, kann Goofie auch gut auf dem Schulhof gespielt werden.
Die Spieler stellen sich verteilt im Raum auf und schließen ihre Augen. Alle gehen mit geschlossenen Augen langsam kreuz und quer durch den Raum.
Der Lehrer flüstert einem Spieler zu, dass er Goofie ist. Goofie darf die Augen öffnen. Danach gibt der Lehrer ein Startzeichen, dass die Suche nach Goofie beginnen kann. Goofie läuft wie alle anderen weiter durch den Raum.
Begegnet ein Spieler einem anderen, berührt er ihn und fragt dabei „Goofie?" Fragt der andere ebenfalls „Goofie?", ist klar, dass Goofie noch nicht gefunden wurde. Die beiden Schüler gehen auseinander und suchen weiter.

Erhält ein Spieler auf seine Frage nach Goofie keine Antwort, so ist klar, dass er Goofie gefunden hat. Goofie kann nämlich nicht sprechen. Der Spieler sucht Goofies freie Hand, ergreift sie und wird damit Teil von Goofie. Jetzt darf er die Augen öffnen.
Wichtig ist, dass Goofie während des ganzen Spiels nicht reden darf.
An die andere freie Hand von Goofie kann sich der nächste Spieler anschließen. Goofie wird also immer länger, die Suche nach ihm damit immer einfacher. Schließlich stehen alle Spieler als stumme Goofie-Schlange da.

Differenzierung

Der Lehrer spielt hier nicht mit. Er hilft den letzten Spielern, die Goofie noch nicht gefunden haben, ein wenig bei der Suche. Während des Spiels achtet er darauf, dass die Schüler nicht gegen Tische oder Wände laufen. Wenn eine weitere Runde gespielt werden soll, wird derjenige Schüler zu Goofie, der am Ende der Schlange steht.

Variante

Noch spannender wird das Spiel, wenn Sie einen Raum haben, der verdunkelbar ist, weil sich dann auch Goofie blind durch den Raum bewegt.
Natürlich können Sie auch Augenbinden (Halstücher o. Ä.) verwenden. Goofie darf dann nach dem Signal des Spielleiters die Binde abnehmen.

Tipp

Goofie ist in erster Linie ein Ohrenspiel. Zuerst gibt es ein lautes Stimmengewirr („Goofie? Goofie?"), das nach und nach immer leiser wird. Auch Schülern, die Probleme mit dem Anfassen von anderen haben, fällt dies wegen der geschlossenen Augen bei Goofie viel leichter.
Sie können Goofie gut auch als Spiel zur Beruhigung Ihrer Gruppe einsetzen. Man „spürt" deutlich, wie die Ruhe aus der Goofie-Ecke anwächst.

Knäuel

Ziel
Wahrnehmung, räumliches Denken und Beweglichkeit fördern

Spieldauer
10–15 Minuten

Anzahl der Spieler
beliebig viele, aber mindestens fünf

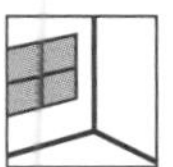

Räumliche Bedingungen
viel Platz;
kann auch draußen gespielt werden

Vorbereitungsaufwand
keiner

Material
keines

Zum Spiel
Die Spieler fassen mit geschlossenen Augen die Hände ihrer Mitspieler. Gemeinsam gilt es, das Knäuel wieder zu lösen.
„Knäuel" kann nur gespielt werden, wenn alle Mitspieler Hosen tragen.

Spielverlauf
Tische und Stühle werden an den Rand des Raumes gestellt. Sie können „Knäuel" auch gut auf dem Flur oder dem Schulhof spielen.
Die Schüler drängeln sich zu einem engen Haufen in der Raummitte zusammen. Alle schließen die Augen und strecken die rechte Hand in die Höhe. Jeder fasst nun nach einer anderen Hand. Eventuell muss der Lehrer dabei helfen, dass sich die letzten freien Hände finden. Die Hände werden vorsichtig nach unten genommen. Nun strecken alle Spieler die linke Hand in die Höhe und ergreifen wieder blind eine andere Hand. Wenn alle eine Hand gefunden haben, werden die Augen wieder geöffnet. Die Hände dürfen jetzt nicht mehr losgelassen werden.

Das Ziel aller Spieler ist es, das total verhedderte Knäuel wieder aufzulösen. Da muss man über Arme steigen oder unten hindurch klettern. Wichtig ist es, dabei die Ruhe zu bewahren.

Variante

Für jüngere Schüler ist es möglicherweise wegen ihrer geringeren Körpergröße nicht möglich, eine Hand im Knäuel zu greifen. Dann sollten Sie die Kreis-Variante wählen:
Die Spieler stehen möglichst eng im Kreis. Sie schließen die Augen und strecken vorsichtig ihre Hände nach vorn, bis sich die Fingerspitzen berühren. Jeder Schüler fasst nun zwei Hände, mit jeder Hand eine andere. Nach dem Öffnen der Augen soll das Knäuel vorsichtig entknotet werden.

Tipp

Beim Auflösen des Knäuels muss sehr vorsichtig vorgegangen werden. Die Hände dürfen umgreifen, müssen jedoch wieder dieselbe andere Hand anfassen. Wenn es nötig ist, darf der Lehrer ein wenig helfen.
Beobachten Sie gemeinsam mit Ihren Schülern, wie viele Kreise sich nach der Entknotung bilden. Ob es der Gruppe gelingt, dass alle Spieler in einem Kreis stehen, ist natürlich vom Zufall abhängig. Falls alle Mitspieler wirklich einmal in nur einem Kreis stehen, weisen Sie die Gruppe auf diesen besonderen Zufall hin.

Differenzierungen

Das Spiel wird schwieriger, wenn die Spieler während des Spiels nicht reden dürfen.
Sie können die Spiele auch als Wettspiel zwischen zwei Gruppen durchführen. Die schnellere Gruppe gewinnt.

Buchstaben-Bingo

Ziel
Sprachvermögen und Konzentration fördern

Spieldauer
10–20 Minuten, für die Variante: 45 Minuten

Anzahl der Spieler
beliebig viele

Räumliche Bedingungen
Tische

Vorbereitungsaufwand
10 Minuten

Material
Schreibmaterial und Papier, eventuell 1 Säckchen, Abc-Kärtchen

Zum Spiel

Die Spieler notieren Wörter. Der Spielleiter ruft Buchstaben auf, die dann in diesen Wörtern gestrichen werden. Wer zuerst alle Buchstaben gestrichen hat, gewinnt.

Spielverlauf

Vorbereitung
Notieren Sie auf 26 Karteikärtchen je einen Buchstaben des Alphabets (vgl. Materialangebot im Download-Bereich). Die Kärtchen werden in ein Säckchen gelegt.

Spielen
Die Schüler schreiben auf ein Blatt fünf Wörter mit jeweils fünf Buchstaben, z. B.: TAFEL – KERZE – FEIER – GABEL – ERBSE.
Der Spielleiter zieht ein Kärtchen und nennt laut den Buchstaben, der darauf steht.
Jeder Schüler streicht den gezogenen Buchstaben in seinen Wörtern mit einem andersfarbigen Stift durch. Wäre im Beispiel oben das „Z“ gezogen worden, könnte es nur einmal (in „Kerze“) gestrichen werden. Das „E“ kommt dagegen in allen fünf Wörtern vor.

Wer zuerst alle Buchstaben seiner fünf Wörter streichen kann, ruft laut „Bingo!" und gewinnt.

Differenzierungen

Die Rolle des Spielleiters kann auch von einem Schüler übernommen werden.
Ältere Spieler bekommen die Aufgabe gestellt, ihre Wörter passend zu einem Oberbegriff auszusuchen, z.B. „Wald".

Variante „Wort-Bingo"

In dieser Variante führen Sie zunächst gemeinsam mit der Klasse eine Wortsammlung zu einem Thema durch. Fragen Sie nach, welches Thema gerade im Unterricht behandelt wird, und sammeln Sie die Wortvorschläge dazu an der Tafel. Das kann beim Beispiel „Säugetiere" dann so aussehen: Lama, Delfin, Hund … (ein ausführliches Beispiel – mit dem Sie auch spielen können – finden Sie im Download-Bereich). Sie sollten gemeinsam etwa 50 Begriffe für das Spiel finden.
Der Spielleiter notiert alle Begriffe auf kleinen Kärtchen. Im Download-Bereich finden Sie dazu eine Blanko-Vorlage. Hier können Sie Ihre Begriffe eintragen und die Kärtchen dann ausschneiden.

Die Spieler zeichnen ein Raster aus 5x5 Feldern und tragen in die Felder 25 der 50 Begriffe von der Tafel ein. Das kann beim Oberbegriff „Säugetiere" dann z.B. so aussehen:

Lama	Delfin	Hund	Schimpanse	Elefant
Känguru	Ratte	Reh	Tiger	Dromedar
Wal	Elch	Katze	Igel	Puma
Giraffe	Eisbär	Kuh	Antilope	Esel
Maus	Pferd	Wildschwein	Biber	Löwe

Der Spielleiter zieht ein Kärtchen und nennt laut das dort notierte Tier. Hat ein Schüler dieses Tier auf seinen Zettel geschrieben, streicht er es jetzt durch. Wer zuerst fünf Begriffe in einer waagerechten oder senkrechten Reihe streichen kann, ruft laut „Bingo!" und gewinnt die erste Runde.
Danach wird so lange weitergespielt, bis ein Spieler alle 25 Begriffe aus seinem Raster streichen kann.

Wörterschlacht

Ziel
Sprachvermögen, Allgemeinwissen und Konzentration fördern

Spieldauer
10–20 Minuten

Anzahl der Spieler
beliebig viele

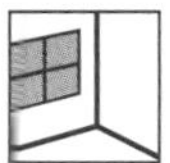

Räumliche Bedingungen
keine

Vorbereitungsaufwand
10 Minuten

Material
Kärtchen mit Oberbegriffen

Zum Spiel

Die Spieler sollen möglichst viele Wörter zu einem Oberbegriff nennen. Dabei unterstützen sich die Gruppenmitglieder gegenseitig. Reden darf nur der Gruppensprecher.

Spielverlauf

Vorbereitung

Notieren Sie auf Karteikärtchen jeweils einen von etwa 20 Oberbegriffen, z. B.: Tiere, Blumen, Städte, Autos, Bäume, Berufe, Farben, Fahrzeuge, Spiele, Sportarten, Kleidungsstücke, Werkzeuge, Lebensmittel, Musikinstrumente, Vornamen, Früchte, Getränke, Hobbys, Körperteile, Länder (siehe auch Materialangebot im Download-Bereich).

Die Klasse wird in zwei bis vier Gruppen geteilt. Jede Gruppe steht in einer Raumecke eng zusammen. In der Mitte jeder Gruppe befindet sich deren Sprecher.

Der Lehrer nennt laut einen Oberbegriff, z. B. „Städte". Der Sprecher der ersten Gruppe beginnt eventuell mit „Berlin", die anderen nennen der Reihe nach jeweils eine weitere Stadt:

„Hannover“ – „Freiburg“ – „Bielefeld“ ... Wenn ein Sprecher keine Stadt mehr nennen kann, scheidet seine Gruppe aus. Es ist verboten, bereits genannte Begriffe zu wiederholen oder Wörter zu nennen, die nicht zum Oberbegriff passen. Wenn eine Gruppe zu lange überlegen muss (der Lehrer zählt in diesem Fall langsam bis 10), scheidet sie ebenfalls aus.
Natürlich dürfen die Mitglieder einer Gruppe dem Sprecher leise vorsagen.
Es gewinnt die Gruppe, die den letzten Begriff nennen konnte.
Danach wird mit dem nächsten Oberbegriff weitergespielt.

Tipps

Falls Sie Sorge haben, dass in der Klasse Streitigkeiten auftreten, weil die Schüler nicht mehr genau wissen, ob ein Begriff schon genannt wurde oder nicht, ist es sinnvoll, für jede Gruppe einen neutralen Beobachter wählen zu lassen. Der Beobachter notiert die Begriffe seiner Gruppe.
Da Grundschüler noch nicht so schnell schreiben (und das Schreiben in Vertretungsstunden vielleicht auch nicht so beliebt ist), sollten Sie möglicherweise selbst alle genannten Begriffe notieren.
Die Rolle des Sprechers sollte in den Gruppen regelmäßig wechseln.

Differenzierungen

Wenn Ihre Schüler das Spiel schon kennen, können Sie sich für die Aufzählung der Begriffe gemeinsam mit der Klasse auf bestimmte Bedingungen einigen. Hier einige Vorschläge zum Oberbegriff „Städte“:

Auswahl
Es sind nur bestimmte Städte erlaubt, also z. B. europäische Hauptstädte, Städte in Ihrem Bundesland, Städte in Italien ...

Ende gleich Anfang
Der erste Buchstabe des neuen Begriffs muss mit dem letzten Buchstaben des alten Begriffs beginnen, z.B.: Trier – Ratzeburg – Gütersloh ...

Ohne E
Im Namen darf ein bestimmter Buchstabe nicht vorkommen, z.B. „E“: Hamburg, Madrid, Frankfurt ...

Doppelt gemoppelt
Es dürfen nur Namen genannt werden, in denen mindestens ein Buchstabe doppelt vorkommt, z.B.: Hamm, Bonn, Essen ...

Zugreifen!

Ziel
Förderung von Reaktionsvermögen und Schnelligkeit

Spieldauer
10–20 Minuten

Anzahl der Spieler
bis zu 8 Spieler pro Gruppe

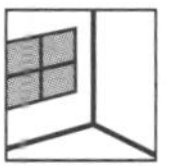

Räumliche Bedingungen
Tische

Vorbereitungsaufwand
keiner

Material
1 Skatspiel (32 Blatt) pro Gruppe, 1 Spiel-Chip (Münze, Streichholz o. Ä.) pro Spieler

Zum Spiel
Die Spieler versuchen, während des Spiels die vier Karten eines Quartetts zu erhalten. Dazu schieben sie nicht benötigte Karten verdeckt an den Nachbarn weiter.

Spielverlauf
Pro Spieler kommt ein Quartett ins Spiel, also vier Karten mit dem gleichen Wert. In der Tischmitte liegen Spiel-Chips, und zwar immer einer weniger, als es Mitspieler gibt. Die Karten werden gemischt und verteilt. Ein Spieler, der gern auch mitspielen darf, gibt nacheinander vier Kommandos:

1. *„Nehmen!"*
   Jeder Spieler nimmt eine seiner Karten, die er nicht gebrauchen kann, in die Hand.
2. *„Legen!"*
   Jeder legt die Karte verdeckt auf den Tisch.
3. *„Schieben!"*
   Jeder schiebt die Karte verdeckt seinem linken Nachbarn zu.
4. *„Zugreifen!"*
   Jeder greift die Karte, die ihm der rechte Nachbar zugeschoben hat, und steckt sie zu seinen anderen.

Jeder Schüler versucht, mit seinen Karten ein Quartett zu bilden. Wer zuerst vier Karten mit dem gleichen Wert hat (z. B. vier Könige oder vier Neunen), legt die Karten möglichst unauffällig auf den Tisch und greift sich einen Spiel-Chip aus der Tischmitte.
Sofort greifen sich die anderen auch einen Chip. Der Spieler, der keinen Chip erwischen konnte, scheidet mit einem Quartett aus.
Zuletzt bleiben zwei Spieler übrig. Sie gewinnen gemeinsam.

Differenzierung

Wenn Sie „Zugreifen!" nicht als Ausscheidungsspiel durchführen möchten, erhält der Spieler, der keinen Spiel-Chip greifen konnte, einen Minuspunkt. Es gewinnt der Spieler mit den wenigsten Minuspunkten.
In dieser Variante sind also immer alle Spieler am Spiel beteiligt. Niemand langweilt sich, weil er schon ausgeschieden ist.

Variante „Schweinchen"

Für jeden Spieler kommt wieder ein Quartett ins Spiel, zusätzlich kommt eine beliebige weitere Karte dazu. Die Karten werden gemischt und verteilt. Ziel ist es, wieder ein Quartett zu bilden.
Der Spieler, der fünf Karten erhalten hat, beginnt und gibt eine Karte, die er nicht benötigt, verdeckt an seinen linken Nachbarn weiter. Dieser Spieler nimmt die Karte auf und entscheidet seinerseits, welche Karte er verdeckt weitergeben möchte.
Diese Schieberei sollte recht flott vor sich gehen.
Der Spieler, der zuerst ein Quartett komplett hat, legt die Karten möglichst unauffällig auf den Tisch und legt einen Finger auf seine Nase. Wenn die Mitspieler merken, dass ein Schüler in der Runde mit dem Finger an der Nase dasitzt, führen sie ihren Finger ebenfalls möglichst schnell an die Nase. Wer zuletzt die eigene Nase erreicht, verliert und muss wie ein Schweinchen (daher der Spieltitel!) laut grunzen.
Damit es nicht zum Streit kommt, wer zuletzt richtig reagiert hat, sollte der Spieler, der zuerst sein Quartett bilden konnte, besonders gut aufpassen und zur Not schiedsrichtern.

Redensarten-Pantomime

Ziel
körperliche Ausdrucksfähigkeit, Fantasie, Sprachvermögen, Konzentration fördern

Spieldauer
15 Minuten

Anzahl der Spieler
beliebig viele

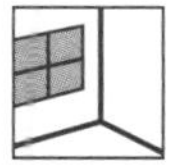

Räumliche Bedingungen
viel Platz

Vorbereitungsaufwand
10 Minuten

Material
Kärtchen mit Redensarten

Zum Spiel
Die Spieler stellen Redensarten pantomimisch vor. Die anderen Spieler raten.

Spielverlauf

Vorbereitung

Notieren Sie Redensarten und Sprichwörter auf Karteikarten (Material auch im Download-Bereich).
Die Spieler sitzen im Halbkreis, damit alle gut sehen können, was vorgeführt wird.

Spielen

Der Lehrer zeigt dem ersten Spieler eine Redensart. Dieser Spieler versucht nun, die Redensart pantomimisch darzustellen. Die anderen Schüler beginnen sofort mit der Raterei. Wer die Lösung als Erster findet, darf das nächste Rätsel vorspielen.

Beispiele für Redensarten und Sprichwörter

Sich winden wie ein Aal. – Jemandem etwas abknöpfen. – Ein Auge zudrücken. – Baden gehen. – Nur Bahnhof verstehen. – Etwas durch die Blume sagen. – Ein

Brett vor dem Kopf haben. – Jemandem aufs Dach steigen. – Dampf ablassen. – An die Decke gehen. – Mit jemandem unter einer Decke stecken. – Eine Eselsbrücke bauen. – Passt wie die Faust aufs Auge. – Ins Fettnäpfchen treten. – Jemandem einen Floh ins Ohr setzen. – Jemandem Hals- und Beinbruch wünschen. – Das Handtuch werfen. – Auf dem Holzweg sein. – Die Katze aus dem Sack lassen. – Etwas auf den Kopf hauen. – Jemandem einen Korb geben. – Eine lange Leitung haben. – Sein Licht nicht unter den Scheffel stellen. – Mir geht ein Licht auf. – Schlafen wie ein Murmeltier. – Den Nagel auf den Kopf treffen. – Ein Pechvogel sein. – Perlen vor die Säue werfen. – Aus dem Rahmen fallen. – Jemanden in den Sack stecken. – Das Salz in der Suppe sein. – Sand in die Augen streuen. – Jemanden auf den Schlips treten. – Ein Schlitzohr sein. – Sich freuen wie ein Schneekönig. – Sich aus dem Staub machen. – Bei jemandem einen Stein im Brett haben. – Jemanden im Stich lassen. – Über Stock und Stein gehen. – Nicht alle Tassen im Schrank haben. – Den Wald vor lauter Bäumen nicht sehen. – Jemandem auf den Zahn fühlen. – Auf dem Zahnfleisch gehen. – Das Zünglein an der Waage sein.

Differenzierung

Das Spiel wird einfacher, wenn Redensarten und Sprichwörter im Unterricht schon mal besprochen worden sind.

Varianten

Wenn zwei Spieler eine Redensart im Team vorführen, wird es für die Spieler einfacher. Sie brauchen dann aber Zeit, um ihre Pantomime kurz abzusprechen.
Die „Redensart-Pantomime" kann wie die „Berufe-Staffel" auch als Wettbewerb zwischen Gruppen durchgeführt werden (siehe auch Karte 18: „Berufe-Staffel").

Tipp

Ältere Schüler können selbst nach Redensarten suchen und diese auf Karteikarten notieren.

Buchstaben-Staffel

Ziel
Sprachvermögen, Fantasie und Konzentration fördern

Spieldauer
15–20 Minuten

Anzahl der Spieler
beliebig viele

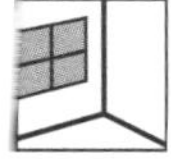

Räumliche Bedingungen
Tische

Vorbereitungsaufwand
fast keiner, für die Variante: 10 Minuten

Material
Schreibzeug und Papier; für die Variante: 1 Satz Abc-Kärtchen pro Gruppe

Zum Spiel

Die Spieler eines Teams schreiben, ohne sich darüber abzustimmen, jeweils einen Buchstaben auf einen Zettel. Es gewinnt die Gruppe, die zuerst ein passendes Wort zu einem vorgegebenen Thema notiert.

Spielverlauf

Die Klasse wird in zwei bis vier Gruppen geteilt. Jede Gruppe steht zusammen an einer Seite des Raumes. Gegenüber jeder Gruppe steht ein Tisch, auf dem Schreibzeug und Papier liegen.
Der Lehrer nennt laut einen Oberbegriff, z. B. „Länder". (Weitere Beispiele für Oberbegriffe finden Sie beim Spiel „Wörterschlacht", Karte 31, und im dazugehörigen Download-Bereich.)
Der erste Spieler jeder Gruppe läuft zu dem Tisch und notiert den ersten Buchstaben eines Landes. Er läuft zurück und gibt den Stift an den zweiten Schüler weiter. Dieser Spieler läuft zum Tisch, notiert den zweiten Buchstaben und übergibt den Stift an den dritten Spieler usw.
Dabei denkt der erste Spieler z. B. an „Jordanien" und notiert ein „J". Der zweite Schüler ergänzt ein „A",

weil er an „Japan" denkt, der dritte macht mit „M" für „Jamaika" weiter ...
Ganz wichtig: Die Schüler dürfen während des Spiels nicht miteinander sprechen.
Kommt ein Spieler zum Tisch und findet ein vollständiges Wort vor, spricht er es laut aus und gewinnt damit einen Punkt für sein Team.

Differenzierung „Schikane"

Sie können vorher eine „Schikane" vereinbaren, falls ein Spieler das begonnene Wort nicht fortsetzen kann. Dann muss er z. B. einmal um den Tisch hüpfen, bevor er zurück zur Gruppe laufen darf, um den nächsten Spieler loszuschicken. Wenn Sie „Buchstaben-Staffel mit Schikane" spielen, ist es ganz wichtig, dass die Spieler die Reihenfolge in der Gruppe beibehalten.

Variante „Buchstaben-Stafette"

Vorbereitung

Notieren Sie auf 26 leeren Karteikärtchen jeweils einen Buchstaben des Alphabets (oder Sie benutzen die Abc-Kärtchen aus dem Download-Bereich). Sie benötigen für jede Gruppe einen kompletten Kärtchen-Satz. Die Kärtchen liegen verstreut auf dem Tisch, der einige Meter entfernt von der Gruppe steht.

Spiel

Der Spielleiter nennt ein Wort, in dem kein Buchstabe doppelt vorkommt, z. B. „Tischler", und gibt das Startzeichen. Der erste Spieler der Gruppe läuft zum Tisch und holt den Anfangsbuchstaben des Wortes. Danach startet der zweite Spieler usw. Es gewinnt die Gruppe, die zuerst das vollständige Wort gelegt hat. Falls eine Gruppe einen Rechtschreibfehler gemacht hat, wird das Wort natürlich nicht gewertet.

Einige Beispielwörter

- 4 Buchstaben: Auto, Mehl, Salz, Heft, Maus, Glas, Hase, Buch
- 5 Buchstaben: Block, Gabel, Pferd, Bauch, Danke, Musik, Geist
- 6 Buchstaben: Fackel, Zucker, Zirkus, Wunsch, Frosch, Schmutz
- 7 Buchstaben: Olympia, Klavier, Fleisch, Viadukt, Neumond

Wie wäre es mit „Boxkampfschilderung" (19 Buchstaben), „Pokalbeschriftung" (17 Buchstaben) oder „Dialektforschung" (16 Buchstaben)? „Unproblematisch" (15 Buchschaben)? „Wohl kaum" (8 Buchstaben)!

Langeweile

Ziel
Sprachvermögen, Konzentration und Fantasie fördern

Spieldauer
20 Minuten

Anzahl der Spieler
beliebig viele

Räumliche Bedingungen
Tische

Vorbereitungsaufwand
keiner

Material
Schreibzeug und Papier

Spielverlauf

Die Spieler versuchen, mit den Buchstaben eines Wortes möglichst viele neue Wörter zu bilden.

Spielverlauf

Langeweile sollte es mit diesen Spielen gar nicht mehr geben. Also wird hier mit dem Wort „Langeweile" gespielt.
Der Lehrer schreibt das Ausgangswort (in diesem Fall eben: Langeweile) an die Tafel. Alle Spieler versuchen, aus den Buchstaben des Wortes möglichst viele Wörter zu bilden, z. B.:
lang, an, Lee, Eile, Alge, Leine, Wange, Engel, Igel, Neige, Wien, nie, Liege, wen, wie, Ei, ein, eine ...
Nicht alle Buchstaben des Ausgangswortes müssen verwendet werden, aber es dürfen keine hinzugefügt werden. Wer nach fünf bis zehn Minuten die meisten Wörter gefunden hat, gewinnt und darf das nächste Ausgangswort bestimmen.
Interessante mögliche Ausgangswörter sind auch Kartoffelsuppe, Indianerzelt, Vertretungsstunde.

Differenzierung

Das Spiel wird schwieriger, wenn bei der Auswertung alle Wörter gestrichen werden, die auch ein Mitspieler gefunden hat.

Varianten

Satzsuche

Wer nicht gleich zum nächsten Wort übergehen möchte, kann versuchen, aus den gefundenen Wörtern einen Satz zu bilden. Bei dem Wort „Langeweile" heißt es dann z. B.:

- Lege Igel an eine Leine, Inge!
- Eine Wange, wie ein Engel!

Alphabetisch

In dieser Variante werden die Buchstaben des Ausgangsworts alphabetisch geordnet. Der Lehrer notiert also statt „Langeweile" die Buchstaben AEEEGILLNW an der Tafel.

Die Schüler suchen nach dem Wort, das aus allen diesen Buchstaben gebildet werden kann. Findet ein Spieler ein gültiges Wort, das nicht dem ausgedachten Wort entspricht, ist das natürlich auch in Ordnung. So könnten z. B. aus AALST die Wörter SALAT und ATLAS gebildet werden.

Wer zuerst ein gültiges Wort entdeckt, darf ein eigenes Wort an die Tafel schreiben.

Familienname

Die Spieler versuchen nun, aus dem Ausgangswort den Vor- und Zunamen einer Person zu bilden. So könnte die gesuchte Person in „Langeweile" z. B.

- Ellen Wigal oder
- Eileen Glaw

heißen.

Mein Name

Jeder Schüler versucht, aus den Buchstaben seines Namens möglichst viele Wörter zu bilden. Hier kommt es nur auf die Kreativität der Schüler an. Eine Wertung entfällt, da es schon ein Unterschied ist, ob ein Schüler „Tom Lang" oder „Richard Vordemgentschenfelde" heißt.

Wollen Sie dem Spiel einen Wettbewerbscharakter geben, spielen Sie mit dem Namen Ihrer Schule.

Schwimmen

Ziel

Reaktionsvermögen und Konzentration fördern

Spieldauer

20 Minuten

Anzahl der Spieler

bis zu 9 Spieler pro Gruppe

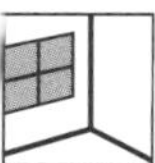

Räumliche Bedingungen

Tische

Vorbereitungsaufwand

keiner

Material

1 Skatspiel (32 Blatt) pro Gruppe, Schreibzeug, Papier; für die Variante: 3 Spiel-Chips (Münzen, Streichhölzer o. Ä.) pro Spieler

Zum Spiel

Die Spieler besitzen jeweils drei Karten. Sie versuchen, durch Tauschen eine möglichst wertvolle Kombination zu bekommen.

Spielverlauf

Jeder Spieler erhält drei Karten. Drei weitere Karten liegen offen in der Tischmitte. Die restlichen Karten spielen nicht mit.
Der Spieler, der links vom Geber sitzt, beginnt. Er darf eine seiner drei Karten mit einer der drei offen liegenden Karten tauschen. Er darf auch alle seine drei eigenen Karten gegen die aus der Tischmitte eintauschen. Nur ein Tausch von zwei Karten ist verboten.
Reihum wird getauscht, bis ein Spieler auf den Tisch klopft, weil er mit seinem Blatt zufrieden ist. Danach dürfen alle anderen Mitspieler noch einmal tauschen. Nun wird nachgesehen, wer das beste Blatt besitzt.
Das höchste Blatt ist As, König und Dame von einer Kartenfarbe (also Pik, Kreuz, Herz oder Karo). Diese Kartenkombination zählt 31 Punkte.
Das zweithöchste Blatt sind drei gleiche Werte, also z. B. drei Damen. Dieses Blatt zählt 30 ½ Punkte.

Ansonsten zählen nur Karten mit der gleichen Kartenfarbe. Das As zählt elf Punkte, die Bilder (König, Dame, Bube) und die 10 zählen zehn, die 9 zählt neun, die 8 zählt acht und die 7 zählt sieben Punkte.
Der Schüler mit dem niedrigsten Wert bekommt einen Punkt notiert. Es gewinnt der Spieler, der am Ende der Runden die wenigsten Punkte gesammelt hat.

Tipp

Klären Sie vorab, wie viele Runden gespielt werden. Dabei sollte jeder Spieler ein- oder zweimal die Chance haben, als Erster seine Karten tauschen zu dürfen.

Differenzierungen

Für „Schwimmen" gibt es verschiedene Spielmöglichkeiten, die Sie einzeln oder in Kombination spielen können.

Kartengeber-Solo

Der Kartengeber gibt sich verdeckt zwei Stapel mit jeweils drei Karten. Er sieht sich die Karten des ersten Stapels an und entscheidet, ob er mit ihnen spielen möchte oder nicht. Spielt er mit diesen Karten, deckt er die anderen drei Karten auf und legt sie in die Mitte. Will er nicht mit diesen Karten spielen, kommen sie in die Mitte und er muss mit den Karten des zweiten Stapels spielen.

Schieben

Ein Spieler muss nicht tauschen. Wenn er das Spiel aber auch noch nicht beenden möchte, darf er seine neuen Karten unbesehen zu seinem Nachbarn schieben.

Varianten

Drei Leben

Sie können „Schwimmen" auch als Ausscheidungsspiel durchführen. Dann hat jeder Spieler drei Leben in Form von Spiel-Chips. Wer in einer Runde das schlechteste Ergebnis hat, muss einen Chip abgeben. Wer seine drei Chips verloren hat, scheidet noch nicht aus, er „schwimmt". Wenn er jetzt noch einmal verliert, „geht er unter" und scheidet aus. Es gewinnt der Spieler, der zuletzt noch im Spiel ist.

Geheim

Der Spieler links vom Geber bekommt fünf Karten. Er darf sich drei davon aussuchen und gibt zwei verdeckt an seinen Nachbarn weiter. Auch dieser Spieler gibt zwei Karten verdeckt weiter, nachdem er sich die für ihn besten Karten ausgesucht hat. Der letzte Spieler legt die beiden übrig gebliebenen Karten verdeckt zur Seite.

Einsam – Gemeinsam

Ziel
Sprachvermögen und Fantasie fördern

Spieldauer
20–30 Minuten

Anzahl der Spieler
Gruppen mit bis zu 6 Spielern

Räumliche Bedingungen
Tische

Vorbereitungsaufwand
keiner

Material
Schreibzeug und Papier

Zum Spiel
Die Spieler suchen, jeder für sich, Begriffe zu einem vorgegebenen Thema. Für Übereinstimmungen innerhalb der Gruppe gibt es Punkte.

Spielverlauf
Die Klasse wird in Tischgruppen mit bis zu sechs Schülern geteilt.
Ein Spieler nennt einen Oberbegriff, z. B. „Wald". Alle anderen notieren nun zehn Begriffe, die ihnen zu diesem Stichwort einfallen, vielleicht folgende: Jäger, Tanne, Igel, Rehkitz …
Dann wird gewertet. Der erste Spieler liest seine Worte vor. Für jede Übereinstimmung gibt es Punkte. Haben noch drei Mitspieler den Jäger auf ihrem Zettel stehen, darf sich jeder vier Punkte (= Anzahl der Spieler mit diesem Begriff) gutschreiben. Ausgewertete Begriffe werden auf allen Zetteln gestrichen. Überprüft werden alle Stichworte. Wenn ein Spieler keinen Partner findet, bekommt er auch keine Punkte.
Es werden so viele Oberbegriffe vorgegeben, wie es Mitspieler gibt. Der Spieler mit der höchsten Gesamtpunktzahl gewinnt.

Variante „Satzbaustelle“

Auch hier geht es um die gemeinsame Suche nach Wörtern. Gespielt wird wieder in Kleingruppen. Alle Spieler versuchen, gemeinsam einen möglichst langen Satz zu bilden. Gefragt sind dabei eigene Ideen und ein gutes Erinnerungsvermögen.

Paulina beginnt und nennt das erste Wort, z. B.: „Heute …“

Cedric wiederholt und ergänzt ein weiteres Wort: „Heute bekomme …“

Nun ist Ömer an der Reihe und macht möglicherweise so weiter: „Heute bekomme ich …“

Je länger ein Satz wird, desto erfolgreicher hat die Gruppe an der Satzbaustelle gearbeitet.

Wenn die Spieler im Wettbewerb gegeneinander antreten, scheidet der Spieler aus, der den Satz nicht richtig wiederholen kann oder ihn beendet.

Tipp

Sie können dieses Spiel auch als Wettbewerb zwischen verschiedenen Gruppen durchführen lassen. Es gewinnt die Gruppe mit dem längsten Satz. Zur Kontrolle der Gruppen sollten Sie dann Schiedsrichter hinzuziehen.

Erzählrunde

Dieses Spiel ist eine schnelle Variante der „Satzbaustelle“. Dabei sitzen alle Schüler der Klasse im Kreis. Wieder nennt jeder Spieler nur ein Wort. Auf die Wortwiederholungen wird aber verzichtet. Im Beispiel der „Satzbaustelle“ heißt es dann so:

Paulina: „Heute …“

Cedric: „… bekomme …“

Ömer: „… ich …“

usw.

Es sollen keine langen Sätze gebildet werden, sondern die Spieler erzählen gemeinsam eine Geschichte, die vielleicht so beginnt: „Es war einmal …“

Raster-Rätsel

Ziel
Sprachvermögen, Fantasie fördern

Spieldauer
20–45 Minuten

Anzahl der Spieler
zu zweit, aber auch mit der ganzen Klasse

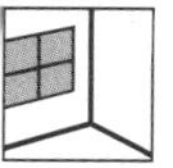

Räumliche Bedingungen
Tische, wenn vorhanden: Tafel oder Pinnwand

Vorbereitungsaufwand
fast keiner

Material
Schreibmaterial und Papier, wenn vorhanden: Rechtschreiblexikon

Zum Spiel
Die Spieler tragen Buchstaben so in ein Raster ein, dass sich möglichst viele sinnvolle Wörter ergeben.

Spielverlauf
Das Raster-Rätsel ist ein Schreibspiel für zwei Personen, das aber auch gut mit der ganzen Klasse gespielt werden kann.
In diesem Spiel geht es um ein Kreuzworträtsel. Jeder Spieler zeichnet für sich ein Quadrat mit 6x6 Feldern auf ein Blatt. Der Reihe nach nennt jeder nun einen Buchstaben, den alle Spieler in ein Kästchen ihrer Wahl setzen. Es können auch Buchstaben mehrmals genannt werden. Dabei versucht jeder, die Buchstaben zu sinnvollen Wörtern zusammenzustellen, die waagerecht oder senkrecht gelesen werden können. Ein Buchstabe, der nicht sinnvoll untergebracht werden kann, muss dennoch in ein Kästchen geschrieben werden.
Sind alle Felder durch Buchstaben besetzt, wird ausgewertet. Für jeden Buchstaben in einem gültigen Wort gibt es einen Punkt. In einer Spalte können auch mehrere Wörter hintereinander stehen. Die Auswertung fällt leichter, wenn Begrenzungslinien dick markiert werden.

Alle Worte aus dem Rechtschreiblexikon sind erlaubt.

Beispiel

	6	5	6	2	4	4
6	R	E	T	T	E	R
6	A	G	A	A	L	T
6	S	O	G	A	B	E
6	T	A	U	F	E	N
3	E	I	N	D	G	T
4	R	I	G	A	M	E

Die Zahlen geben die erzielten Punkte in den waagerechten und senkrechten Reihen an. Der (richtig gute) Spieler hat hier 58 Punkte erreicht.

Differenzierung

Wenn in einer größeren Schülergruppe oder mit der ganzen Klasse gespielt wird, ist es sinnvoll, die Reihenfolge der genannten Buchstaben an der Tafel zu notieren, damit kein Buchstabe vergessen wird.
Wenn der Lehrer verdeckt an der Tafel mitspielt (umgeklappte Tafelhälfte), kann an dieser Lösung gut die Punktewertung demonstriert werden. Selbstverständlich wird der Lehrerbeitrag nicht gewertet.

Varianten

Spielanfänger sollten mit dem kleineren 5 x 5-Raster beginnen.
Fortgeschrittene können auch Wörter belohnen, die in den beiden Mitteldiagonalen gebildet werden.
Das Spiel wird interessanter, wenn für längere Wörter mehr Punkte vergeben werden (2 Buchstaben = 2 Punkte, 3 Buchstaben = 5 Punkte, 4 Buchstaben = 9 Punkte, 5 Buchstaben = 14 Punkte und 6 Buchstaben = 20 Punkte).

Dann sieht die Wertung in unserem Beispiel so aus

	20	7	20	2	9	9
20	R	E	T	T	E	R
10	A	G	A	A	L	T
11	S	O	G	A	B	E
20	T	A	U	F	E	N
5	E	I	N	D	G	T
9	R	I	G	A	M	E

Nim-Spiel

Ziel
Kombinationsgabe und taktisches Denken fördern

Spieldauer
30 Minuten (einschließlich Herstellung)

Anzahl der Spieler
zu zweit

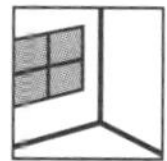

Räumliche Bedingungen
Tische

Vorbereitungsaufwand
gleich null

Material
Lineal, Pappe, Schreibmaterial für den Spielplan oder 13 Spiel-Chips (1-Cent-Stücke o. Ä.), für die Variante: 16 Chips

Zum Spiel
Das Nim-Spiel ist ein klassisches Brettspiel für zwei Spieler, das ungefähr im Jahr 1630 entstanden ist. Dabei benötigen je zwei Schüler einen gemeinsamen Spielplan.
Wer den letzten Chip vom Spielplan nimmt, gewinnt.

Spielverlauf

Vorbereitung
Das Spiel kann in einer Unterrichtsstunde hergestellt und auch gespielt werden. Als Spielplan dient ein Stern mit 13 runden Feldern, der vom Lehrer an der Tafel skizziert wird (vgl. die Abbildung auf der Rückseite dieser Karte bzw. das Materialangebot im Download-Bereich). Es empfiehlt sich, den Plan auf eine größere, stabile Pappe zu übertragen.

Spielplan

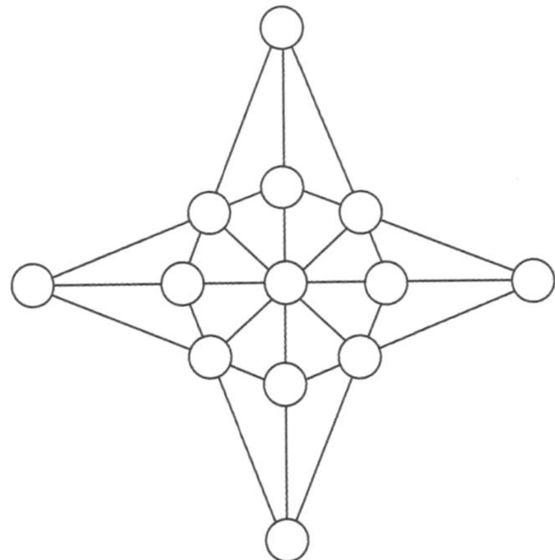

Zusätzlich werden 13 Spiel-Chips benötigt. Dafür können z. B. Kreise aus farbiger Pappe ausgeschnitten oder 1-Cent-Stücke genutzt werden.

Alle Spiel-Chips liegen zu Spielbeginn auf den Kreuzungspunkten des Spielplans. Es wird ausgelost, wer beginnt.

Nehmen

Die Spieler nehmen abwechselnd einen oder zwei oder drei Spiel-Chips vom Spielplan. Es dürfen nur Chips abgeräumt werden, die durch eine gerade Linie miteinander verbunden sind. Ein Mitspieler darf den Zug seines Gegners nicht wiederholen, d. h., wenn ein Spieler einen Chip entfernt, muss der andere zwei oder drei Chips vom Plan nehmen.

Gewinnen

Es gewinnt der Spieler, der den letzten Chip vom Spielplan nimmt.

Wenn ein Spieler nur den vorletzten Chip entfernt, hat er auch gewonnen, da der Gegner jetzt zwei oder drei Chips nehmen muss, diesen Zug aber nicht durchführen darf.

Variante

Ein weiteres klassisches Nim-Spiel wird mit 16 Spiel-Chips gespielt, die in vier Reihen mit einem, drei, fünf und sieben Chips liegen (vgl. Download-Material):

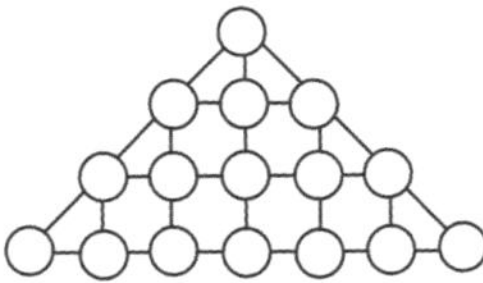

Die Spieler nehmen abwechselnd bis zu drei Chips aus einer beliebigen Reihe. Hier verliert der Spieler, der den letzten Chip nehmen muss.

Route 26

Ziel
mathematische Kenntnisse und Konzentration fördern

Spieldauer
45 Minuten (einschließlich Herstellung)

Anzahl der Spieler
beliebig viele Einzelspieler

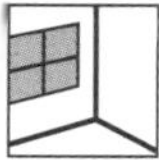

Räumliche Bedingungen
Tische

Vorbereitungsaufwand
gleich null

Material
Lineal, Pappe, Schreibmaterial für den Spielplan oder 12 beschriftete (beklebte) Spiel-Chips

Zum Spiel
Route 26 ist ein Knobelspiel für einen Spieler. Daher fertigen die Schüler zuerst jeweils einen eigenen Spielplan an. Im Spiel geht es darum, zwölf Zahlen-Chips so einzusetzen, dass die Werte in bestimmten Gebieten addiert immer die Summe 26 ergeben.

Spielverlauf

Vorbereitung

Das Spiel kann in einer Unterrichtsstunde hergestellt und auch gespielt werden.
Als Spielplan dient ein Stern mit zwölf eckigen Feldern, der vom Lehrer an der Tafel skizziert wird (vgl. die Abbildung auf der Kartenrückseite bzw. das Materialangebot im Download-Bereich).
Es empfiehlt sich, den Plan auf eine größere, stabile Pappe zu übertragen.

Skizze für den Spielplan

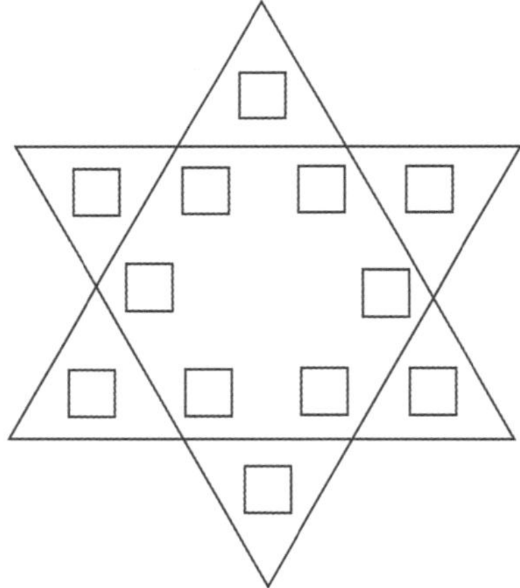

Zusätzlich werden zwölf Zahlen-Chips benötigt. Dazu können z.B. kleine Vierecke aus farbiger Pappe ausgeschnitten oder 1-Cent-Stücke beklebt werden. Die Chips zeigen die Zahlen von 1 bis 12.

Spielen

Die Aufgabe besteht darin, die Zahlen-Chips so zu legen, dass die Zahlen in dem Sechseck in der Sternmitte zusammengezählt die Summe 26 ergeben.

Besonderheiten oder Differenzierungsaspekte

Die Aufgabe wird schwieriger, wenn versucht wird, möglichst viele Reihen aus vier Zahlen-Chips zu bilden, deren jeweilige Summe ebenfalls 26 ergibt.
Noch schwieriger wird es, wenn die Zahlen in den Sternspitzen der beiden Dreiecke addiert ebenfalls je 26 ergeben.

Die „perfekte" Lösung

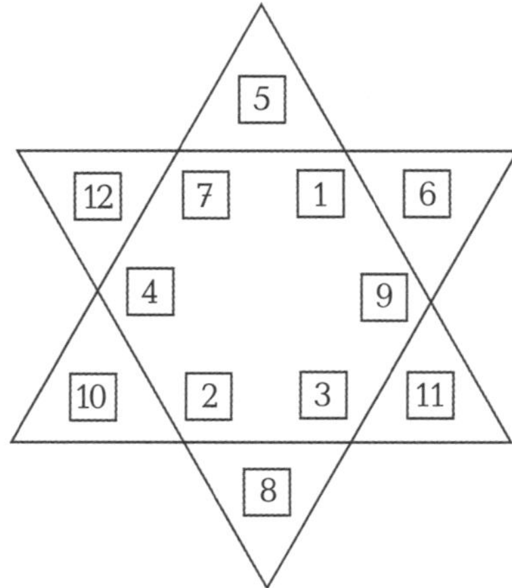

Förderschwerpunkte der in diesem Buch aufgeführten Spiele

	Nummer der Spiele
Bewegung	2, 3, 9, 10, 11, 25, 28
Gruppenbildung	1
Kombinieren	39
Logisches Denken	23
Mathematik	15, 20, 21, 24, 40
Pantomime	14, 18, 33
Reaktionsvermögen	7, 16, 17, 32, 36
Sprache	5, 19, 27, 30, 31, 34, 35, 37, 38
Wahrnehmung	4, 6, 8, 12, 13, 22, 26, 29

Unter **www.friedrich-verlag.de** finden Sie Materialien zum Buch als Download.
Bitte geben Sie den achtstelligen Download-Code in das Suchfeld ein.

DOWNLOAD-CODE: **d14973kv**

Hinweis:

Das Download-Material enthält **Vorlagen für Spielpläne, Spielkarten und Materialien**, die Sie bei der Vorbereitung Ihres Unterrichts unterstützen.

Als Käufer des Buches (ISBN 978-3-7800-4973-4973-5) sind Sie zum Download dieser Datei berechtigt. Weder die gesamte Datei noch einzelne Teile daraus dürfen ohne Einwilligung des Verlages an Dritte weitergegeben oder in ein Netzwerk gestellt werden. Dies gilt auch für Intranets von Schulen und sonstigen Bildungseinrichtungen.

Der Verlag behält sich vor, gegen urheberrechtliche Verstöße vorzugehen.

Haben Sie Fragen zum Download? Dann wenden Sie sich bitte an den Leserservice der Friedrich Verlags GmbH. Schreiben Sie uns oder rufen Sie uns an!

Sie erreichen unseren Leserservice
Montag bis Donnerstag von 8–18 Uhr
Freitag von 8–14 Uhr
Tel.: 0511/40004-150
Fax: 0511/40004-170
E-Mail: *leserservice@friedrich-verlag.de*

Wir freuen uns über Ihre Rückmeldung und helfen Ihnen gerne weiter!